Boris Piljnjak
IVAN MOSKVA

REČ I MISAO
KNJIGA 530

Urednik
JOVICA AĆIN

S ruskog prevela
LJUDMILA MIHAJLOVIĆ

BORIS PILJNJAK

IVAN MOSKVA

IZDAVAČKO PREDUZEĆE „RAD"
BEOGRAD

Izvornik
Борис Пильняк
ИВАН МОСКВА
Izd. Moskva, 1927

UVODNA GLAVA

PRVA OKOLNOST

„Drugi zakon, o korisnom dejstvu energije, biće za prave ciljeve dosta jasno ustanovljen ako kažemo: da jedna količina energije može biti iskorišćena samo jedanput. Da se dobije koristan rad ma iz kog izvora energije, položaja ili potencijala, neophodno je pretvoriti je u nove oblike, u energiju kinetičku, energiju kretanja." (Frederik Sodi).

DRUGA OKOLNOST

— Bilo je u gradu Moskvi, dogodilo se u prvoj godini revolucije. Profesor istorije i istorije umetnosti, Aleksandar Vasiljevič Čaadajev, boraveći u Egiptu, kupio je tamo mumiju jedne od faraonskih žena, čije je ime pesak zbrisao, i to ne slučajno, priče radi. Prah žene, možda divne, koja je vladala pre tri hiljade godina, bio je danas ženski kostur, obavijen potpuno sasušenom kožom, tamnokavene boje. Prah balsamiran mastikama težio je mnogo više negoli živo biće. Telo je bilo obavijeno izbledelim tkaninama. Ženina kosa, prelakovana i očešljana s razdeljkom po sredini i kikama na ušima — ali ta kosa nije bila crna, kao što bi se moglo misliti, već žuta kao raž, kao rečni pesak, kosa koja je stolećima vetrila. Mumijine očne duplje bile su mrtvo zatvorene. Na mumijinim usnama umro je, i u smrti stao živeti, neshvatljiv, uznemiren i – biva tako – razoružavajući osmejak, koji je mumija prenela kroz stoleća.

U stvari, nije pravilno reći: telo mumije, jer tela nije bilo; telo se pretvorilo u tamni kaiš težak kao krečnjak. Ta je žena bila rastom viša od osrednje visine slovenskog muškarca, širokih ramena, uskih karlica. Imala je divne usne, ruke i stopala, i divni su bili nokti na rukama i nogama.

Preko Aleksandrije, Jafe, Atine, Vizantije – putevima starina – profesor Aleksandar Vasiljevič Čaadajev doneo je mumiju u Skitiju i dovezao u Moskvu, u votsko-slovensku prestonicu dalekoga polja Evrazije. Profesor je imao katedru na univerzitetu, platu, ženu, taštu, dete i dadilju uz dete. Mumija je zauzela mesto u profesorovom kabinetu, kraj pisaćeg stola, između divana i ormana za knjige, prekoputa profesorove radne fotelje. Profesor je provodio život u dobrom zdravlju.

Nastupila je ruska revolucija, trijumfovao prvi njen marš nastupanja – po profesorovim pojmovima. Hladnoća i glad. Profesor je ušao u revolucionarne večnosti – s malom gvozdenom furunicom, krompirom, i s tim što je, sa svojim domaćima, kabinet, trpezariju, spavaću sobu, dečju sobu – sve preneo u kujnu, u mrak i toplotu. Mumija je ostala u glečernom kabinetu. I, čudnom sudbinom, tad – u geologiji i Hofmanu ruske revolucije mumija je oživela. Dadilja profesorove kćeri, prava Skitka, pošto se od prvih dana mumijine pojave ubedila da mumija nije mošti, stalno se neprijateljski držala prema mrtvacu – ta je dadilja prva izjavila da mumija zaudara. Zatim dadilja reče da mumija svetli. Potom dadilja reče da mumija zuji. Profesor se bunio i poricao.

Ali posle dadilje tašta, a zatim i njegova žena utvrdiše da mumija zaudara: i zaista, jedva primetan, sladunjav, neprijatan zadah raspadanja osetio se u kabinetu. Posle dadilje, tašta i žena utvrdiše da mumija svetli: i zaista, noću, u mraku spuštenih zavesa, jedva primetnom, prividnom, fosforastom svetlošću počelo bi da svetli lice mumije – i tada, u tišini revolucionarnih noći i smrznutih kuća, čulo se, jedva se čulo, kako mumija zuji – onako kako zuje morske školjke. Profesor – varvarski! – svuče mumiju da je pregleda: ponovo, posle tri hiljade godina, pojaviše se pred čovekovim očima ženske tajne faraoničine i tog trenutka rasuše se u pepeo i prah tkanine mumijine odeće. Profesor ne nađe ništa i utvrdi da zujanje mumije dolazi otud što je zbog vlage ispala mastika iz ušiju, i zuji prazna lobanja. Ali žene, redom: dadilja, tašta, žena – zahtevahu, pod ultimatumom: ili one, ili mumija. Žene nipošto nisu htele da žive sa mumijom.

Profesor prodade obnaženu mumiju kolegi, tražeći za nju trista pedeset rubalja u zlatnoj moneti; kolega uze mumiju, a kao predujam uplati sedam zlatnih desetica. Kroz mesec dana kolega dođe profesoru da se objasni; kolega reče: da on zna kulturnu vrednost mumije, ali da se mumija oseća na raspadanje, porodica mu je nekulturna, i da on, kolega, moli profesora da mumiju uzme natrag, ma mu i ne vratio sedamdeset zlatnih rubalja.

Profesor ne dade mumiju u muzej.

Revolucija pređe ledeni moskovski marš, uđe u epohu ustaljivanja, uistinu u epohu života ruskih gradova, porodivši ne dostojevštinu, već nešto strašnije, čime se bavi klinička psihopatologija. Mumija je u

Moskvi imala dugačku istoriju. Za sve godine revolucije, obnažena, trihiljadugodišnja žena, bivša carica, išla je iz ruke u ruku po Moskvi, iz kuće u kuću, nigde se nije zadržala više od dve nedelje. Posle dve nedelje, u sobi gde je mumija stanovala, počelo bi da se oseća na mrtvaca, a po noći mumija je svetlela svetlošću koja draži. Ljudi su znali da se mumija raspada i da svetli. Hrabri su je uzimali da požive kraj hiljaduvekovnog raspadanja; raspadanje je jače od hrabrosti: kroz dve nedelje, po standardu, hrabri su slabili u borbi s raspadanjem. U drugim mestima, u mumijin život umešali bi se domkomi,* objašnjavajući: da su mumije kao mrtvaci predrasuda, i da im je, kao prostim mrtvacima, mesto u Vagankovu; a ako je ta predrasuda o mumiji neophodna, onda je potrebna potvrda od policije da ima pravo življenja i zauzimanja prostora; jer – iako je mumija mošti, ipak je čovek; jednom se sen mumije pojavio u policiji, i tamo propao u odeljenju protokola građanskog stanja.

Profesor Aleksandar Vasiljevič Čaadajev nema nikakve veze sa pričom. – Za sve godine ruske revolucije u Moskvi su živeli: ljudi, stradanja, radosti, pobede, otstupanja, ljubavi, plus trihiljadugodišnja, obnažena, tamna kao isušeni kaiš, beskućna, nemoćna mumija – ona koja je kroz tri hiljade godina pronela neshvatljiv, krasan, i u isto vreme hladan, obeshrabrujući osmejak.

TREĆA OKOLNOST

– Bilo je to u danima građanskog rata na Kubanu. Dogodilo se to Ivanu Petroviču Moskvi, Zirjaninu po narodnosti, junaku priče.

---

* *Домовый комитет*, kućna uprava. – Prim. prev.

Bila je letnja sparina, vladao je tifus. Njih pet je otišlo s bojnog polja: dva živa ratna druga, dva mrtvaca, i on, Moskva, treći živi. Trojica živih bili su u tifoznom bunilu. Bežali su ispred šrapnela noseći dva ranjena ratna druga. U bunilu, nisu opazili, ili su zaboravili, da su ta dva ratna druga mrtva. Nosili su mrtvace. Ponekad je u bunilu komandir Moskva komandovao:

– Četa, lezi! Četa, pali!

Živi su spuštali mrtve na zemlju, gurali im u ruke puške. Živi su pucali u pustu stepu.

Na bivacima, mrtvaci su čuvali stražu. Živi u bunilu, nisu opažali, niti opaziše, da su na julskoj pripeci, za nedelju dana, mrtvaci potpuno istrulili: u jednoga otpala vilica, u drugoga ispala creva.

Živi su hranili mrtve, svojim kašikama trpali im u usta kačamak.

Odstupajući, živi doneše mrtve u opljačkanu bolnicu. U stepskoj bolnici nije bilo žive duše, svi su se razbežali, samo je u lekarevoj kući ležala žena u očajnom tifoznom bunilu. Noću, u bunilu, komandir Moskva pođe tifoznoj ženi da ovlada njome. Bilo je to prvi i poslednji put u životu Ivana Moskve da mu se podavala žena: on nije mogao da uporedi, i nije znao: da žene ne sretaju čoveka nikada tako strasno, s takvim poljupcima, i s takvim podavanjem, poniklim u bunilu te bunovne noći.

Izjutra odred živih i mrtvih pođe dalje. Ivan nije znao ime te žene, i nije upamtio da je lice žene bilo lice Egipćanke.

Kroz nedelju dana nađoše tu petoricu. Istoga dana mrtvace zakopaše u zemlju, a trojicu živih preneše u bolnicu, da – preko bolničkih postelja – ta trojica pređu iz bunila u javu.

Uspomena na to bunilo ostade uvek Ivanu Moskvi.

ČETVRTA OKOLNOST

– Bilo je to u danima građanskog rata na Krimu. Ivan Moskva je išao s odredom konjanika po krimskoj visoravni od Kokoza ka meteorološkoj stanici na Aj-Petri, da zauzme bahčisarajski drum. Ljudi nisu spavali nekoliko noći. Svu noć je rominjala kiša, i tek pred zoru prestala. Mrak je bio takav da oči nisu bile potrebne. Svu noć su jahali po stepi. Crvenoarmejci su ćutali, kisli, i nisu mogli da shvate kud su se denule gore. Pred zoru pripucaše uzalud na stanicu, zatim legoše da spavaju.

Svitalo je.

Moskva i posilni pođoše da razmotre okolinu. Preko brvna pređoše u šumarak, popeše se na vrh Aj--Petri u času kad se more već široko prostiralo. Moskva ranije nikad nije video more. Desno i levo uzdizale su se gore, urvine, litice, šume, neobična prostranstva, divni pejzaži. Moskva priđe ponoru, pogleda u dubinu – i žurno se odmače: zavrtelo mu se u glavi, nešto ga je zloslutno povuklo dole – sve probdevene noći navališe mu na oči i učiniše glavu teškom stotinu pudova.*

I tada se dogodi nešto neverovatno, najbitnije u životu Ivana Moskve.

Levo, u moru, u podnožju gora, crvenim plamenom buknuše oblaci. Iz modrikaste magle iznikoše – dotle neviđene – sudanske gore. Ogromna modra senka rasprostrla se po zemlji i moru. Ta modra senka zadrhta i pođe, ognjeno zlato jurilo je za njom, koračajući s vrha na vrh. Ognjeno zlato pade sa oblaka na vrh Aj-Petri:

– i tada se u moru, iz vode, nad vodom, pojavi tamnocrven, hladan, zloslutan komad sunca, koje sve

---

* *Pud,* u Rusiji, mera za težinu: 16 kg. 38. – Prim. prev.

pobeđuje. Taj se komad zaokrugljivao, izlazio i rasipao milijarde zrakova u more. Nekoliko trenutaka crvena elipsa se uzdigla nad vodom; –

– i tad mu se učini, postade mu fizički jasno, da su u ovom svetu, u ovom trenutku, nepomični samo on, Moskva, i ono, sunce – bilo je fizički jasno, da je sunce nepomično, a da su uzdrhtali, zaljuljali se i krenuli s desna nalevo, naniže od sunca, zemlja, more, ponori, gore, šume: gore, ponori, doline krenuli su nadole. U premorenom mozgu čuo se tresak – trebalo je raskrčiti noge, upreti se nogama da se ne padne sa zemlje koja se krenula: zemlja se ljuljala pod Moskvom, nepomični su bili samo Moskva i sunce.

To nije bilo saznanje, već osećanje.

Ali kad se sunce uzdiglo na aršin, sve je već bilo potpuno obično: ispod sto pudova teških Moskvinih kapaka gledale su male, oštre, zelene, s isturenim jagodicama, šumske očice: gde da rasporedi četu, da bi zatvorio bahčisarajski drum?

PETA OKOLNOST

– Bilo je to u godinama kad je ruska revolucija bila na raskršću, godine hiljadu devetsto dvadeset treće, na „kamenitom" tlu (to jest Uralu), petsto vrsta od pruge u Poljudovoj Dolini, kraj bezimene reke.

Kroz goru pronikoše hodnici i okna, a postrance, pod obronkom, razlegao se odjek fabričke sirene. Oko okana, gde behu nameštene pruge za vagonete, bio je nabacan žuti kamen, izvučen iz gorine utrobe, drevni kamen arhajske epohe, oslobođen od bakarnog šljunka, od olovne rude – rude koja rađa radijum i dovodi čovečanstvo na prag najvećih i najređih epoha, ravnih samo onoj kad je čovek naučio da vlada ognjem –

najvećoj revoluciji i eposi. Pod kamenitim obronkom, udaljeno od rudokopa, kraj bezimene reke, nad rekom stajahu radničke barake, pušili su se dimnjaci nad radionicama. Popločana staza vodila je ka kući direktora fabrike – Ivana Moskve – u toj je kući bila kancelarija, partijski klub – i u toj se kući nalazila fabrička laboratorija.

I, uveče, ako bi aeroplan doneo novu ličnost – tu novu ličnost Ivan Petrovič Moskva vodio bi u laboratoriju. Elektrika je pokazivala sto sa retortama i mikroskopima, cinkovo posuđe, lonce za topljenje metala, emajliranu peć, bele staklene police, staklene ormane i činije s obrascima minerala: elektrika je pokazivala svakidašnju, radnu laboratoriju rudarske fabrike, gde svaki dan, izjutra, inženjer mora redom da čini svoja analitička ispitivanja, i gde, zato, jedva osetno izjedaju oči amonijak, sona kiselina i sumpor-vodonik. Ali Ivan Moskva je gasio elektriku, i nova ličnost bi se tad našla u tajanstvenom svetu zemljine utrobe, i onoga što je čoveku nepoznato. Nerealni fakat: – tajanstveno, na neshvatljiv, neznan način počeli bi u mraku da fluoresciraju, fosforiraju, rude, vilemiti, bariti, radijumove soli, zidovi, stolovi, jedni jače, modrikastije, drugi slabije, zelenije, poneki sasvim žutom svetlošću.

Bilo je jasno da se čovek nalazi pred najtajanstvenijim i najveličanstvenijim čemu je znanje dovelo čoveka; večno, kako u tom trenutku tako i hiljadama godina, zračili su radijum, uranijum, torijum – svoju energiju, stvarali nove stepene ljudskoga znanja, gde za energije (i za čoveka) nema granica, osim granica ljudskoga znanja – energiju koja preinačuje teorije sveta, i potpuno je u skladu sa bezuslovnim refleksima unutarnje atomske energije čovekova mozga.

Moskva je ćutao, ćutala je i nova ličnost, ćutalo je i Potkamenje, gore i šume, pet stotina vrsta udaljene od pruge, kojima čovek nije prošao; ako je bila zima, ćutali su snegovi, zvezde i noć. – A tajanstveno, tajanstveno svetlošću zvezda, meseca i svega što ja ponoćno, sijale su, fluorescirale, rude i soli u laboratoriju.

Ivan Moskva palio bi elektriku i obično govorio sledeće, gotovo uvek isto:

– Čovek je naučio da skuplja radijumove soli u pregršt. Ako on zbilja uzme u ruku radijumovu so, beta-zraci skroziraće mu ruku, protrešće je, ruka će utrnuti – ali čovek je skupio radijum u svoj mozak, čovek je kontrolisao radijum, njegove alfa-, beta- i gama-zrake, koji večno zrače. Mi ćemo rastavljati torijum i uranijum isto tako kao što nama sunce baca svoje otkinuto komađe, isto kao što mozak razlaže misli. Radijum, na putu raspadanja, prelazi u stanje olova. Ako, umesto da spalimo komadić kamenog uglja veličine jedne kutije šibica, oslobodimo energiju koja je u tom komadiću uglja skrivena – u ovom drugom slučaju dobićemo trista šezdeset hiljada puta veću energiju no pri spaljivanju. Obično gorenje jedne tone uglja daje dovoljno energije lokomotivi da se kreće jedan sat, dok bi, međutim, raspadanje iste količine materije dalo dovoljno energije za osvetljenje, ogrev, prevoz i, uopšte, sve ostale potrebe velikobritanske privrede, za sto godina.

– Radijum! – sve ljudsko srednjovekovno mađioničarstvo tražilo je filozofski kamen i stvaralo perpetuum mobile; – radijum je taj filozofski kamen koji menja materiju, taj perpetuum mobile koji daje večitu energiju. Tajanstveni, nepoznati radijum izlučuje večni mlaz toplote i svetlosti, nepresušno stvara, iz starih materija sazdaje nove materije – on je onaj filozofski kamen za koji nema prepreka, čiji zraci teku i proniču sve, kamen, gvožđe, mrak, svetlost, mraz, sve razobličavaju i pretvaraju – perpetuum mobile. Mađioničarski srednji vek, mađioničke hemijatrije i alhemije, metafizika, veštičarstvo, nečista krv, crna magija, đavolja duša – nađoše filozofski kamen – ime mu je: radijum, on rastavlja sve što ga okružuje. Alhemiju su stvorili alhemičari, a novom alhemičaru ime je Ivan Moskva. – Iza masonskih loža, u uskim kvartovima srednjega veka, pod zemljom ispod gotskih svodova, po zamkovima – ljudi u crno odeveni stvarali su večni pokretač; – a sad filozofski kamen stoji na policama laboratorija i fluorescira u mraku.

Iznad fabrike se uzdizalo neveselo Poljudovo Brdo, dolina se završavala stenama, a unaokolo, na stotinu vrsta, prostirale su se bezljudne medveđe šume Perme i Kome.

Radijum je otkrivena energija sveta! – Tamo gde se stvara radijum (fakat nerealan!) – tamo gde se stvara radijum, ne živi ništa, ne raste ništa, jer je fizički grč, isto kao i čovečji, kad stvara nove slojeve – smrtonosan. U oknima gde se vadila ruda, tajanstvene se događale stvari, stvari koje menjaju teorije postanja – ali su ljudi kopali kao obično. – Poljudova Dolina bila je pusta, mrtva, bez drveta, bez mahovine. Zimi se u Poljudovoj Dolini sneg topio, nije se zadržavao – izgarala ga je gola zemljina energija. Iz zemlje je izbijao izvor, od izvora se prostirala zagušljiva para. I Dante je mogao uzeti materijal za treći krug svoje Komedije sa Poljudove Doline – od tog kamenja koje je zabranjivalo život svemu što živi. – Pre su ova mesta obilazili i zverka i čovek. Čovek Ivan Moskva došao je ovamo da vadi radijum.

Moskva je ponovo gasio svetlost. Ponovo su se palili minerali. Kroz partijski klub Moskva je vodio novu ličnost u svoj stan. Tamo, u laboratoriji, u mraku, minerali su prosipali i prosipali svoju energiju. U partijskom klubu, ispod velike lampe na stolu, bili su poređani časopisi i novine; radnici su čitali za stolom, na zidovima su visili portreti vođa ruske revolucije; radio je krčao govore i koncerte grada Moskve. U sobama kod Ivana Moskve vladala je tišina i sporost. Oko kuće su ćutali sneg, brda, stotine zirjanskih, permskih i ostjatskih vrsta. Na nebu su sijale zvezde, uporne na mrazu.

Ivan Petrovič je novu ličnost služio čajem uz šum samovara. Uz čaj je Ivan Petrovič govorio novoj ličnosti o uranijumu i helijumu, o svim onim pragovima pred kojima se nalazi čovečanstvo: – i uvek u tim slučajevima Moskva je pričao kako se, za vreme građanskog rata, na Krimu, na Aj-Petri sreo sa suncem, uplašio i čvrsto raskrečio noge da ne padne kad se zaljuljala zemlja. Ali ako bi nova ličnost ostala i posle ponoći, a Ivan Moskva govorio već satima – onda bi taj čovek opazio kako lice Ivana Moskve postaje asimetrično, a desni kapak i kut usne trzaju; tad je Ivan Moskva pričao o mrtvacima koje su on i njegovi drugovi nosili u bunovnom nebivstvu.

Ništa nije moglo da živi u dolini. Vladala je mrtva tišina, Mesec je fluorescirao na nebu. U kući je gorela elektrika, u crvenom klubu krčao glasnogovornik uvodnu besedu Lunačarskog. Ivan Moskva je pričao kako je kačamakom hranio mrtvace, kako čovečanstvo već četvrt stoleća sakuplja radijum, i da je čovečanstvo za to vreme skupilo svega oko dvesta trideset grama radijumovih soli.

ŠESTA OKOLNOST

– Bilo je to u gradu Moskvi, oktobra 1917, u danima prevrata. Tverski bulevar kod Nikitinske kapije svršavao se trospratnom nastanjenom kućom. U toj su kući bili boljševici. U kući prekoputa, koja je zatvarala Nikitinski bulevar, bili su junkeri. Kuću na Tverskom bulevaru razrušili su junkeri bombama, i spalili je. Godinu dana posle prevrata, naročito u proleće 1918, razvaline kuće smrdele su na leševe onih koji su bili zatrpani u razvalinama. Tri godine je ta kuća stajala kao spomenik ustanka: pričala o revoluciji svojim probijenim krovom, pustim otvorima okana, ogorelim i razbijenim ciglama, komađem greda, podrumima, ostacima pokućstva. Godine 1921, razvaline su bile uklonjene. Godine 1922, na mestu gde su se nalazile razvaline, na trgu popločanom kolomenskim mermerom, podignut je spomenik profesoru Klimentiju Timirjazevu.

Tverski bulevar se završava dvama spomenicima: Puškinovim, kod Strasne, Timirjazevim, kod Nikitinske.

SEDMA OKOLNOST, ISTA KAO PRVA

„Мње отмщченије и аз воздам" – divljački zakon Bumeranga* – fizički zakon dejstva, akcija je ravna reakciji...

---

* *Bumerangi,* divljačko pleme u Australiji. – Prim. prev.

BIOGRAFSKA GLAVA

Biografije ljudi ne počinju uvek od detinjstva: u nekim slučajevima biografija počinje sa starošću, zrelim godinama, ili dvadesetim godinama. Za vreme revolucije, biografije mnogih započele su 25. oktobra po starom 1917. godine. Biografija Ivana Moskve započela je 25 oktobra, kad je on ušao u biografiju po razvalinama istorije: njegova se biografija otpočela puškom, mržnjom, ništavošću potkamene zemlje za vreme njegovog biografskog pred-bivstva. Biografije ne opredeljuju uvek datume dela i rođenja: ponekad su okolnosti van čoveka i njegove volje, značajnije od volje i čoveka.

Ivanovo pred-bivstvo poniklo je „međ Zirjanima", kako su Novgoroci nazvali Zirjane – a sami Zirjani kažu za sabe da su Komi-narod. Tačan prevod za „Zirjani" jeste „potiskivani". Komi-Ivan bio je sin Komi-naroda. Mnogi u samoj Rusiji ne znaju za šume Komi-zemlje, neprohodne, devičanske, i da je Komi--zemlja veća od Nemačke i Francuske ujedno uzetih; ali Komi-zemlja ima samo sedam vrsta železničke pruge. Komi-zemlja upire u zemlje Pot-kamenja: u svom pred-bivstvu Komi-Ivan bio je potkamenski radnik u livnicama gvožđa, koje su podigli Petar Prvi, Demidov-Sandonato i Stroganov.

KOMI POTKAMENJE –

U Jevanđelju je rečeno da Petar znači kamen, ali Petar znači i so zemljina: Ural je kamen. Sve je ovde pretrpano kamenjem i natopljeno solju; po nasipima oko novih koliba, i na uglovima, po balvanima, stavljaju so, da bi sunce nahranilo so i drvo, i onda zgrada stoji vekovima. Na solima i kamenju nema ni jektike, ni tifusa, ni kolere, a drveće raste po četrdeset aršina u visinu i potrebna su dva čoveka da stablo obuhvate – Uralska poslovica glasi „Vreme sve pokriva, pa ipak se kroz vekove vidi kako je ta mesta zasolio Ivan Grozni, naselitelj „Velike Perme-Čerdine (Čerdinci se nazivaju Čeodacima), znamenitim Stroganovima; (od Stroganovih potiču kuće i crkve u Usolju, u Solikamsku, i u Ustjisolsku); ovde je čuveno ime Jermaka, osvajača Sibira, čije je originalno ime Vasilije Timofejevič Aljenjin. Vreme sve pokriva, ali se vidi kako je gusarsko, to jest razbojničko poreklo Stroganovih od slobodne velikonovgorodske šajke – Petar Prvi presolio, prekovao u livnice gvožđa. (Turčanovi su u gradu Solikamsku za sankt-peterburški dvor njenog veličanstva Katarine i njenog veličanstva Jelisavete – gajili banane!
– Ali to je već bilo posle Petra.)
Kad ovde upitaju čoveka:
– Ko si?
Odgovara:
– Seljak.
Pitaju:
– Tvoje imanje?
Odgovara:
– Dve puške i pet pasa!
I od te dve puške jedna je pradedovska, kremenjarka – a od pet pasa, jedan je za vevericu, drugi za

medveda, treći trkački. Veverice gađaju lovci iz kremenjarke, sačmom u oko: ako pogode u drugo mesto, kožica se baca. Porez se tu razrezuje od puške; – a doskora su oporezivali od luka.

Četiri meseca u godini ne možeš da odeš u Gornju Lupju, a u ostalo vreme i zimi i leti ide se sankama; tamo ne znaju za kola. Ako je čoveku potrebno ovde da ode nekud četrdeset vrsta daleko, on kaže: – „Ništa, otrčaću!" – otrči, i u ponoć se vrati kući.

Ovde u šumama – potkamena je zemlja bogata rudom, magnitom, srebrom, zlatom, – na reci Dojegi tu po Kamenoj Kosi, prošao je istraživač, naišao na kolibu. U kolibi je stanovao seljak – objasnio mu život – seljak je odveo istraživača na rečicu, kopnuo lopatom i izručio s lopate:

– Gledaj, građanine inžiliru – čisto zlato. Živim na zlatu, a nemam hleba.

Ovde po šumama, po brdima, po rekama, nalaze se mnoge mamutove kosti – a da ih doneseš do muzeja, ne možeš: meštani Permci smatraju mamutove kosti – „munjan", zemljin hleb – za sveti, spasonosni lek, – i čitava sela Permaca sakupljaju se da jedu mamutove kosti.

Ovde po šumama, po brdima, po rekama, – na hiljadu vrsta – ovde je prokuratura – posle revolucije – premetala po sovjetskom zakonodavstvu da nađe paragraf po kome bi mogla da kažnjava niže navedene krivice u masama: ovde lovci raskopavaju dečje grobove, da odgrizu (i to zubima) detinju ruku i – suše je; osušenu ruku nose lovci po šumama uza se, i nose je lopuže, jer će ta ruka skrenuti i ruku zakona i medveđu šapu: za paragraf su pitali centar.

Ovde u Velikoj Koči, u jurlinskom rejonu, još dandanas Permci i Komi na Frolov dan žrtvuju Bogu volove; a volove kolje mesni pravoslavni pop: vola vare u kotlu pred pravoslavnom crkvom – a u tim istim kotlima vare kobilje mleko. U tim mestima svaki kotar ima svoga nečastivog, a ime mu je i prezime: Ivan Ivanović Ivanov.

... Tu na bezimenoj pritoci reke Dojege prostire se Poljudova Dolina, rđav glas je bije u narodu. U toj dolini ništa nije raslo, niko nije živeo. Dolina je mrtva i nema, obilazili su je i ptica, i zverka, i čovek, kamen ne može da othrani ni kedar, ni vresak, ni ivanjsko cveće. Zimi se u dolini topio sneg, sneg nije imao snage da zaspe suro kamenje. Šumski su glasovi prorekli to mesto.

Vreme sve pokriva: Permce i Kome su osolili, osim vremena i zemlje, još i potkameni način života i gusarske uspomene. Način života i narod ne treba kuditi: kamen, kama, šuma, zverka, stvorili su ljude čvrstima i zdravima kao što je i sama šuma, zverka, kamen i kama. Bio je to jak i bujan narod.

Stroganovske solane su nestale među livnicama Petra Prvog. Šume, tišina, klisure, a u dolini u brdima bukti, plamti uporna, crvena, nepokorna, neprijatna svetlost topionica – fabrika bukti, dime se odžaci, plamti topionica, plamen neprijatno odseva na oblacima – utonule su u mrak strme obale, u mraku su nestale čekinje jela i borova – topionica ne da mira, vređa vid svojim crvenim ognjem. – Oštra je ovde zemlja, kao znoj – od Petrovih dana svaka fabrika tu pamti dobrih sto godina – i sve fabrike kao jedna podignute su Petrovim reglementom, po uzoru solana. – U majkorskoj fabrici radi kao majstor Marko Karpovič Moskva, Ivanov brat po trećem kolenu. Nadzornik u solikamskoj solari je Pantelejmon Romanovič Moskva, Ivanov stric – Pantelejmonov nos je izjeden od sifilisa.

– *Bajanje za razdvajanje:* – „đavo ide po vodi, vuk ide po gori, ne sretnu se, misli ne misle, plod ne plode, rodne reči ne govore – neka tako i raba božja (ime rekavši) s rabom božjom (ili rabom božjim – ime rekavši) misli ne mislili, ploda ne plodili, rodne reči ne govorili, nego uvek živeli kao mačka i pas" ...

Pred-bivstvo Ivana Moskve poniklo je u zirjanskom selu, pored oca lovca, zvero-lovca i ribara, među doježnim običajima, i u mestima gde ne znaju za tal ige. Proveo ga je na solikamskim solanama. A prekovala ga je čermoska metalurgijska fabrika. U bivstvo je Ivan Moskva ušao kao boljševik proleter, s puškom ustanka u rukama na moskovskim ulicama kod Nikitinske kapije. U Solikamiji, na ćirilici se upoznao s pismenošću. Na Čermozi pročitao prvu knjigu o revoluciji. Na potkamenim zemljama nema ni jektike, ni tifusa, ni kolere – ali ima sifilisa: Ivanov i ded i otac biti su bolesni, ded nije imao nosa, i od dvadeset godina Ivan doznade da je nasledio sifilis otaca. Ivan je izrastao krupan i jak, širokih ramena, temeljit. Nije bio lep: širokih jagodica, široka čela, uzanih očnih kapaka – a u upalim očnim dupljama dva mala, oštra, pametna i uporna oka.

Ivan Moskva je ušao u bivstvo, a sav je pripadao prošlosti. Prošlosti, jer mu je telo bilo zagađeno sifilisom otaca, telo u kom je živeo njegov mozak. Prošlosti, jer je znao samo ćirilicu prošlosti, osvedočio, zapečatio i uprljao svoju *tabula raza* bajanjem za razdvajanje, munjanom, kočama, jurlama, doegama. Mora biti da unutarnju atomsku energiju stvaraju ne samo radijumove rude nego i ljudska volja, jer sifilisom izjedeno telo Ivana Moskve ostavilo mu je jasan um, jasan mozak, mozak koji mu je dao snage da iz pred-bivstva, kroz bivstvo, zaviri u buduće bivstvo – mozak koji ga je naučio da pogleda na svoje veliko, iskvareno i neskladno telo kao na larvu, gadnu larvu, larvu koja je kao tamnica krila njegov mozak: našao je u sebi snage da sazna da je njegovo telo samo tamnica njegova mozga. Da nije bilo socijalnih razlika, bio je u pravu da na svoja pleća uzme ime i istorijske gatke o znamenitim Stroganovima.

Sav u prošlosti, Ivan Moskva je s puškom kraj Nikitinske kapije u Moskvi ušao u bivstvo – i na razvalinama istorije počeo je da diže budućnost svoju, svoga mozga i svoje klase, ostavivši telo u pred-bivstvu. Pošao je frontovima revolucije i svoj poslednji bajonet zabio u poljski front.

Tad je došao u Moskvu da stvara.

To je bilo dvadeset druge godine, godine raskršća.

Ivan je tad shvatio da revolucija nije u pitanju: – *šta,* već u pitanju: – kako. Mehaničku pušku promenio je Ivan za fabričku mašinu. A bajanje za razdvajanje – „đavo ide po vodi, vuk ide po gori" – promenio je za ugovor, za ugovor od koga je trebalo da živi njegov mozak i SSSR.

On je po potkamenim putevima poveo odred pregalaca u ekspediciju – pronašao Poljudovu Dolinu, ukletu šumom i šumskim stazama – odneo njene rude u Akademiju: – on je podigao fabriku za dobivanje radijuma. – Teška je bila stvar zidati fabrike u to vreme – ali zidati je uvek divna stvar, zidati, stvarati, razmišljati o onom što se zida, skupljati građu, kamen, gvožđe – stvarati uprkos solikamskim solanama iz doba Ivana Groznog, uprkos čermoskim, majkorskim, lisvenskim, fabrikama, postalim za vreme Petra – stvarati u ime revolucije i čovečanstva nešto što gleda samo u budućnost, što želi samo budućnost. – Nije u pitanju: – šta, nego u pitanju: kako; energija nikada ne otstupa, ona se samo preobražava: videti stazu, ka rudokopu, koju si probio sam, dinamitom i svojim rukama – velika je radost!

FABRIČKA GLAVA

Komi-reči:
– *usni* – vraćati se iz lova; *abi* – nama; *evanzi* – ne viči; *baržiali* – skitati se bez posla; *bara* – ponova; *vanir* – rečna matica; *vad* – jezerce; *važmini* – sveštati; *vabmini* – oslabiti; *vikti* – ćuti; *velavni* – navikavati se; *verdni* – hraniti; *dir* – dugo; *lanjtini* – ućutati; *kinmini* – smrzavati se; *mavni* – zamazati; *mu* – zemlja; *mirgini* – truditi se jedan za drugoga; *miž* – potpora; *uhlad* – čelik; *čer* – sekira –

U sumrak dođe u fabriku Zirjanin. Sljedopit, neko vreme se gurao po kasarnskoj kujni – i kad je sunce zašlo uputio se direktoru. Zirjanin je vodio psa, nosio kremeni samokres, imao četrdeset godina, nos mu je bio izjeden. Ivan ga primio u svom kabinetu. Počeše da govore zirjanski, Komi-reči – usni, abi, evenski – bile su rečnik kojim su ta dva Zirjanina govorila, dok su želeli jedan drugom dobrodošlicu. Plećati Ivan, u čohanoj košulji, opasan širokim pojasom, sedeo je za pisaćim stolom, nalakćen na sto.

Sljedopit je došao da vidi Ivana.

– Vadiš iz zemlje kamen – reče Sljedopit – kamen od koga čovek umire, na kom ne raste ni bor, ni kedar, ni vresak. Naši dedovi poznaju tu dolinu, tu, na kojoj je tvoj rudokop; ljudi su je uvek obilazili. Zašto variš kamen? – Zar ne znaš da je tvoj otac bio brat moga oca, reci mi čistu istinu. U šumama se govori o

tebi da praviš zla čudesa, da ti doleće zmaj i da si veštac. Došao sam da te vidim.
— Aeroplan treba sad da stigne — reče Ivan. Sutra, ako hoćeš, dići će te u vazduh.
Zirjanin je sedeo na ivici fotelje, skupio noge, kapa mu među kolenima.
Iz okovratnika njegove košulje na crven vrat izmile mu vaš.
— Imaš li rakije? — upita Sljedopit.
— Nemam — odgovori Ivan — Pićemo čaj. Pričaj mi o šumama.
Sljedopitove oči šmugnuše kao miševi, popravio je kapu među kolenima.
— Ne piješ?
— Ne mogu.
— U šumama su mi pričali — toliko bogatstvo, a ne piješ.
— Ne pijem.

— Te se večeri avijatičar Obopin-Mlađi dizao u nebo, da iznad Potkamenja prenese avion do fabrike, jer je fabrika održavala vezu sa svetom, osim leti lađom i zimi avijasankama,* još i aeroplanom.
Mehaničar Snež je ćutke sipao benzin kroz kožni levak i pregledao motor. Obopin je pušio. Snež sede kraj njega da i on zapali. Pošto su malo popušili, priđoše avionu. Obopin sede u kabinu. Mehaničar je okretao elisu; „pali!" — „upaljeno!" Motor zahukta. Avion na zemlji — sa crnom rupom na vrhu motora, i očnim dupljama — kabinama pilota i mehaničara — ličio je na ljudsku lobanju, simbol raspadanja mudrosti. Snež sede uz pilota, prikopča pojas i priteže kaiš na pilotskoj kapi. Avion je ona izvanredna mašina koja diže

---
* *Avijasanke*, saonice koje spreda imaju elisu pomoću koje se kreću. — Prim. prev.

čoveka u vazduh, pomoću koje je čovek – sebe i svoju volju uzneo u oblake. Avion, to je onaj ljudski genije, i ona ljudska volja, koja ne dopušta netačnost: neka se samo najbeznačajnija navrtka ne zavrti dovoljno, ili se zavrti i suviše – on će se srušiti, a od čoveka, koga je uzneo na nebo, neće ostati ni kostiju; ali je svaku navrtku koja u sebi skriva smrt, ljudski mozak dobro zavrteo; a glava onoga ko podigne mašinu u vazduh mora da bude jasna, kao genije delova motora i avionskog repa – inače – smrt. To zahteva mašina, tako mašina objašnava život, jer je nagonom za samoodbranom – čoveku naređeno da se boji smrti...

A pre nego što će da krene mašinu, Obopin opsova život, i namignu Snežu. Mašina se diže u vazduh.

Let! – Ako je čovek ubeđen da „onaj koji je rođen da puzi ne može da leti – neka se nikad ne diže u vazduh, neka ne prikopčava pojas, ne priteže kaiš na kapi: jer će mu mozak videti samo razlupana avionska krila, smrvljena telesa, smrt – i možda je bolje za onoga koji je rođen u ubeđenju da puzi, da se nikad ne zavlači u avion. U vazduhu se zna da avion ide sto sedamdeset kilometara na sat – samo se zna, jer se brzina leta ne oseća, samo se vidi kako promiču unazad delovi polja, jezera i šuma – zemljina košulja, zemljina karta. I isto tako samo se zna da je avion dva kilometra iznad zemlje: visina se ne oseća. I tamo u vazduhu svaki se priseća da je već mnogo puta leteo, najviše u detinjstvu i mladosti od dvanaest do sedamnaest godina, u snu: i to letenje u snu mnogo je veličanstvenije, značajnije i strašnije od stvarnog letenja! – U snu i u detinjstvu nema prepreka da se poleti na mesečeve ritove na mesecu, u nestvarnost, u fantastičnost – a na avionu u nebu stvarnost je izmerena kilometražom visine: – mnogo je zanimljivije izmišljati, projektovati i sanjariti, nego tražiti javu. –

Ali se na avionu zemaljski časovi pričinjavaju minutima: i za to vreme čovek na nebu saznaje da je čovek čoveku brat, da je mašina čoveku gospodar, da je ceo svet velika mudrost, mudrost i zakonska tačnost, jer – vrlo prosto – pilot nije umeo da se nađe u vazdušnoj jami – smrt, mehaničar je oštetio motor – smrt, prsla navtrka u motoru – smrt!

Avion se digao u vazduh, zemlja je milela, a sa svojih mesta prešli su na kartu – reka, bedna parobrodska kancelarija, brežuljak kraj reke, šuma, polje – ljudi u kancelariji postadoše muve, sve je išlo unazad, uz huktanje elise, koja je zahtevala ćutanje. Odozgo, zemlja izgleda kao da je obukla vrlo staru, vrlo ukrpljenu, mnogo puta prekrajanu košulju; utrine (docnije će nestati u šumama), šuma, gora, ponori, livade, reke: eno ona geografska karta što leži dole, ono je košulja Rusije – čas od raži, čas od heljde, opšivena šumskim krznom, izvezena srebrnastim rekama i opervažena selima – sirotinjska košulja, pa ipak kadifasta – o! kako vizantijski iskićena: na tu košulju treba misliti u časovima leta.

„... Postoji ushit u boju,
I bezdne mračne na kraju,
I u razjarenom okeanu...“

„... Sve što smrću preti,
Od smrtna se srca skriva,
Beskrajnu pruža slast...“

„... Postoji ushit u boju" – postoji i u letenju: – svaki ko se dizao u vazduh preko snova na javi, silom volje – mora da poznaje zanos letenja: kad se čovek sa velike visine brzo spušta, u ušima mu zuji, krv mu se zgušnjava, žile breknu – znači, ukoliko se više ide uvis, ukoliko je zemlja dalje, utoliko su srce i krv mirniji i neshvatljiviji!

I zbilja, ima u letenju stvarnog, fizičkog, zanosnog uživanja, stremljenja u visinu! – I zbilja ima, jer „az vozdam" je čudna, strašna bolest pilota – kad se pilot naleti, onda se pojavljuje strah od vazduha, strah od letenja, nestaje vere u sebe, pouzdanja, volje, pilot gubi srce i oko, nesigurno upravlja avionom; i ako ostane u mašini, ne opazi bolest on sam ili njegovi drugovi – onda gine, skrha, „sahranjuje" mašinu.

Sad je upravljao mašinom Obopin-Mlađi; Obopin-Stariji, ostao je u Moskvi zbog poslova i pustio sina da leti.

Okom ptice, kroz naočare, Obopin-Mlađi upio se u zemlju pred sobom; isprva su oblaci plovili pored njih, i rumenili se od sunčeva zalaska zatim ih je nestalo, da ponovo iskrsnu dole, pod avionom. Utrine su odavno ostale pozadi, kao modri okean pružale su se šume, a nasusret je išao planinski lanac kao modro stenje, a iza lanca sa severa padala je siva modrina sutona. Huka elise uvek je veličanstvena. Na istoku se pojavi beli odlomak meseca. Iz modrine prostora iskrsnu Poljudova Dolina.

Pošto su se spustili na visovaran iza Poljudove Doline i popušili po cigaretu negde postrance od aviona, avijatičari su polako i dugo, po običaju, koji zahteva mašina, spremali mašinu, pregledali, ispitivali, uveli je u hangar i vezali je. Avijatičari su na zemlji uvek spori i nezgrapni – a kad je već pao mrak, siđoše ka rudokopu...

U to vreme, kad se nad Poljudovom Dolinom začula huka elise i na nebu pojavio avion kao tačka, kod Ivana Moskve je sedeo Sljedopit.

Sljedopit priđe prozoru. Sljedopit pogleda na nebo.

– Eno, vidiš, na nebu – reče Ivan. – To je avion. Sutra će te dići u vazduh.

Sljedopitove oči se rastrčaše kao miševi i sakriše u bradi koja mu je rasla ispod očiju. Sljedopit stište kapu međ kolena i čučnu. I čučeći, saginjući se do zemlje, Sljedopit odmile u ćošak. Poče žurno da se krsti.

Sljedopit viknu:
– Pusti me!
– Šta ti je, budalo, jesi li poludeo!? – odgovori Ivan i pođe ka Sljedopitu. – Ustani!

Sljedopit se stište u ćošku, uklanjajući se Ivanu. Strašno dreknu i iskezi ogromne zube:
– Dalje od mene, dalje!

Šumski čovek bio je strašan u svom strahu i vračanju.

Elisa se utiša iza brda. I Ivan i Sljedopit su ćutali. Ivan ponudi Sljedopitu cigaretu i reče: „Sedi!“ Sljedopit upali i sede.

– Ko je to leteo? – upita Sljedopit.
– Čovek – odgovori Ivan.

Sljedopit je nepoverljivo ćutao. Mrak iz tajge[*] punio je sobu.

– Hajde da pijemo čaj! – reče Ivan.

I još jednom Sljedopit poče da se ograđuje od mađija. U trpezariji je šumeo samovar i bilo je mračno. Ivan upali elektriku. – I opet se Sljedopitu rastrčaše oči kao miševi, opet se Sljedopit u strahu trže natrag.

– Ivan razumede: prekide struju, sijalica se ugasi Ivan je ponovo upali. – Sljedopit je posmatrao zbunjeno i lukavo. Priđe upaljaču, pruži ruku i trže je.

Ivan reče:
– Okreći!

---
[*] *Tajga*, gusta šuma (u Sibiru). – Prim. prev.

— Može? — upita Sljedopit, isključi struju i ponovo upali sijalicu.
— Gori! — reče Sljedopit. — Baješ?
— Ne.
— A koja je to sila? — bez petroleuma? — Sljedopit se zagleda u sijalicu, pregleda je pažljivo, prinese dlan svetlosti i pomirisa vazduh: — I ne greje, i ne smrdi. Sija!...
... Celo to veče Sljedopit je zapadao iz čuda u čudo. Celo veče je svaki čas palio i gasio elektriku, zagledao, merio, smeškao se zadovoljno — a kad ga nisu gledali, brzo se krstio, šaputao i ograđivao se od mađija. — Po treći put se Sljedopit začudio kad je u partijskom klubu glasnogovornik prenosio Moskvu: — „čujte! čujte! čujte!" Opet je Sljedopit čučnuo od užasa — opet je, kao i električno dugme, njuškao glasnogovornik, krstio se lukavo, bajao, radujući se čudu i plašeći ga se — i opet se brzo svikao, i u divnom čudu prebacivao regulator sa koncerta u Velikom pozorištu na uvodnu besedu Lunačarskog, sa skupštine naučnika, i sa uvodne besede, na radio-žurnal. Lice Sljedopitovo je postajalo blaženo u svom lukavstvu. On je palio i gasio elektriku, prilazio regulatoru i okretao ga na muziku Betovena. — Uveče, kad su došli piloti, Snež je dao Sljedopitu čašu, a zatim i drugu, rakije. Sljedopit je sedeo na podu, jer nije mogao da se drži na stolici — raširivši noge kao šestar, blaženo je vrteo glavom pod kapom, pevao svoje zirjanske pesme, i, tvrdo ubeđen da su oko njega najveći čarobnjaci i lupeži, molio ih da i njega prime u svoje društvo. — Zatim Sljedopit zaspa. Metnuli su ga na divan u kancelariji. Vrata iz kancelarije vodila su u Ivanov kabinet. I noću Ivan vide kako se zbunjeni, prestrašeni i ništavni Sljedopit krio u ćošak iza divana, čeljust mu udarala o kolena — često i brzo se krstio, i već nije

umeo da se ograđuje od mađija, jer su mu vilice i jezik otkazali poslušnost. Ivan mu priđe. Sljedopit ga je gledao nepomičnim zenicama. Ivan se teško spusti, sede do njega i reče mu: – „Prestani, ostavi se!" – i teško učuta. – „Hajdemo, pokazaću ti nešto".

A u času kad su se letači spustili na zemlju, a Ivan i Sljedopit pili čaj, dođe Ivanu Aleksandra, lekar – divna žena u doba babjeg leta, u doba srebrnaste paučine kraj očiju i u kosi. Bila je u beloj haljini, visoka i prava. Treća prazna šolja stajala je za nju – ona nasu sebi čaja. Sljedopit je ustajao da gasi i pali elektriku. Ivan je raspitivao Sljedopita o šumama, ona je ćutala. Posle je Ivan odveo Sljedopita u partijski klub i vratio se sam. Bio je čas odmora, na gori kod pilota, gde je stajao aeroplan, dođe sveža pošta: ona i Ivan pođoše avijatičarima ususret.

O toj se ženi znalo vrlo malo. I ona je bila Zirjanka, prošla dugačak put – dugim i dostojnim stazama knjiga, razmišljanja, rada, gladi, bolničarskih tečajeva, komunističke revolucije, građanskog rata i medicinskog fakulteta. Trideset četiri ženske godine je dugačak rok, tad se pojavljuju prve sede vlasi, tad pređeni putevi ostaju pozadi, a put u budućnost je jasan. Sve prolazi i ništa ne prolazi u ovom životu: posle revolucionarne grmljavine, iz bezbroj puteva Moskve, njeni su je putevi doveli, nju, komuniskinju i lekara, na fabriku radijuma. Postrani od rudokopa i radionica stajala je njena ambulanta, bela kuća kraj obronka jedne stene.

Šume i gore porodiše modri suton i dobro pokriše zemlju. U mraku je kamenje putanje ubijalo noge, golo kamenje na kome ništa ne raste. Ukoliko su se više peli uzbrdo, utoliko se prostor unaokolo širio, u visini su dalje i dalje odmicale šume i doline. Usamljeno je stajao mesec na nebu, spor i umoran. Mesečina posrebri kamenje.

Išli su ćutke, ona napred, on pozadi.

I, visoko na gori, nad obronkom koji se u mraku spuštao, iznad svetlosti dole u fabrici, na mesečini, ona je zastala da kaže. Mesečina se spuštala u mlazevima, a gore bacale svoje senke. Mesečina joj obasja lice, tužno i odlučno. Unaokolo je vladala mrtva tišina. Ivan zastade i obori glavu.

– Šta ćeš mi reći, Ivane? – upita ona tiho i odlučno. – Ti znaš šta treba da kažeš.

Ivan je ćutao i sakrio lice u mesečevu sen.

– Treba da kažemo poslednje reči – reče ona. – Ivane, ti znaš sve, i ja sve znam. Desilo se tako da su svi moji putevi bili put ka tebi. Primoravaš me da govorim! – Eto došla sam ovamo, i kao samo zato da više nikad ne odem od tebe. Govori, Ivane.

Ivan je ćutao. Ivan stupi jedan korak napred ka obronku.

– Govori, Ivane.

– Ne mogu, Aleksandra. – Da li volim? – Ti dolaziš, ti prolaziš – i vazduh postaje gust tako da udara u srce – i postaje redak tako da ne mogu da dišem. Ja sam starac, i ljubim tvoj trag, kao u romanima.

Aleksandra ispruži ruke, rukama je hvatala reči, rukama ih je čuvala.

– Govori, Ivane!

– Otputuj, Aleksandra.

Ivan odstupi od obronka, Aleksandra spusti ruke prosipajući reči.

– ... Otputuj, Aleksandra! – Otputuj odmah, sutra, izbaci me iz glave zauvek, zaboravi, stvaraj svoj život bez mene. Ja ne mogu, Aleksandra. Ti ne znaš – vidiš, ova vreća što se naziva mojim telom – šta bih ja sve dao da mogu iskočiti iz nje, iz ove trule grobnice u kojoj je zatvoren moj um. Ded i otac izjeli su mi kosti, otrovali meso. Šta hoćeš? – Ove ruke, noge, grudi, jesu mrtve – to su živi mrtvaci, treba ih u gomilu stresti, treba ih se kloniti. Moj je mozak vedar, dovoljno vedar da shvati da se ja već nalazim u mrtvačkom sanduku svoga tela, da ja nemam prava da imam svoju budućnost. Ja ništa ne mogu. Ti ne znaš, niko nije opazio...

Aleksandra diže ruke, da se njima zaštiti od reči; i njeno lice na mutnoj mesečini, lice Egipćanke, bilo je mirno, čvrsto su bile stisnute usne u bolnom osmejku.

– Ti ne znaš, niko nije opazio – moj mozak još vidi – ja sam izgubio zdravi smisao, noću u nesanici gubim granicu između jave i bunila. U bunilu kao na javi vučem mrtvace, one koje sam vukao na frontu, i onda se zemlja ljulja. Ostao mi je još samo mozak, ali i on se zamagljuje. Razgovaram s čovekom, i odjedanput čoveka nestaje, a mesto čoveka preda mnom sedi neka strašna, krvava država.

Ivan ućuta i stavi ruku na glavu. Čvrsto raskreči noge i obazre se unaokolo.

Aleksandra reče:

– Govori, Ivane.

– Jest, jest, govorim – nastavi Ivan. – Doputovala si ti, i sad je leto. Noću se budim i brkam svoju sobu, jer zaboravljam sadašnju svoju i sećam se sobička koji sam imao na Čermozi. Pružam ruku zidu da dohvatim sat, i osećam strahotu, jer zida nema i ruka mi visi u vazduhu. Idem i spotičem se o stvari, jer su stvari onda u onoj sobi drukčije stajale. – No, kad pogledam kroz prozor, umesto ovih gora stoji čermoska fabrika, ulica, ograda: gledam kroz prozor i vidim fabriku, i vidim odjednom kako se na ulici koja vodi fabrici pojavljuju oblaci kubanske stepe – sve vidim dvostruko,

ne mogu da shvatim gde sam i gotov sam da urlam kao pas. I onda svojim zdravim mozgom – počinjem da shvatam da mi se mozak pomućuje. Ivan ućuta. Ćutala je i Aleksandra,
– Moraš otputovati, Aleksandra, moraš me zaboraviti. Ja sam se svega odrekao. Eto zidam fabriku i vadim radijum, da se bar mozgom iščupam iz sebe, iz prošlosti, odasvuda, u budućnost koju projektujem – Ne mogu da te oskrnavim sobom.
– Ne, Ivane, ja neću nikud otići. Kažeš da sam išla preko razvalina. Neka je i tako. Čuj, Ivane... na Kubanu...

Ali nije dovršila. Odozgo se sa staze začuše veseli glasovi, Snež i Obopin su veselo trčali dole, Snež je nosio torbu sa poštom. – Dok su piloti prilazili, Ivan reče tiho Aleksandri: – „Sledećim aeroplanom idem u Moskvu, otići ću lekarima, neka lekari kažu". – Piloti veselo pozdraviše, saopštiše redovne dnevne novosti i požuriše na večeru.

Za večerom je veseli Snež davao Sljedopitu rakiju, pristajao da ga primi za čarobnjaka i rešio da ga sutra digne u vazduh.

Pre nego što će otići u svoju ambulantu, Aleksandra izazva Ivana napolje. Sa svom ženskom nežnošću pružila je ruke k njemu i rekla:
– Ivane, hajdemo kod mene. Nikad neću otići od tebe. Nisam ti sve kazala. Jedanput, na Kubanu...

Pri ulazu je gorela električna sijalica. Ivan pogleda u Aleksandru svojim malim, oštrim očicama, pogled mu je bio zelen i hladan. Ivan navlaš reče grubo:
– Docnije ćemo razgovarati. Ima vremena.

Aleksandra se ne mače.
Ivan reče tiho:
– Videla si Sljedopita. On mi je brat od strica. Ima izjeden nos. Ja mogu poljubiti njega, ali se ne smem

dotaći tebe... – Ivanućuta i ponovo reče grubo: – Hajde, idi! Noć je bila mračna, mesec pomodreo. Aleksandra nesta u mraku. Ivan uđe u kuću i ode u kabinet da razgleda poštu.

... Prekonoć Sljedopit vide četvrto čudo – čudo u laboratoriji. Prekonoć Ivan dođe Sljedopitu. Prestrašen, užasnut, ništavan, Sljedopit se krio iza divana, a vilice mu udarale o kolena – on se brzo i sitno krstio, ali već nije mogao da se ograđuje od mađija, jer su mu vilice i jezik otkazali poslušnost. Ivan priđe Sljedopitu. Sljedopit je gledao nepomičnim zenicama. Ivan se teško spusti kraj njega i reče:
– Prestani, okani se! – I poćutav s mukom dodade. – Hajdemo da ti pokažem nešto.

Sljedopit se ne mače, još se jače pribi u ugao, oči su mu ne trepćući pratile Ivana, kao da se Sljedopit, kao ris, spremao da skoči na Ivana.

Sljedopit prošaputa pakosno:
– Ne diraj!

Isto onako nepomično zagledao se i Ivan u Sljedopita, i s teškom mukom izgovorio: – „Ustaj, hajdemo!" i Sljedopit ustade.

Ozbiljna lica, Ivan potapka i pogladi po ramenu Sljedopita.
– Star si, a glup.

Uputiše se mračnim sobama: Sljedopit je išao pokorno.

U laboratoriji Ivan nije poražavao Sljedopita mrakom i svetlošću: upalivši elektriku, Ivan izvadi iz zaključane fioke epruvetu.
– Vidiš? – reče Ivan. – Drži, zatvori oči, prinesi to uz glavu.

Sljedopit je držao u rukama najobičnije staklo, jedva nešto potamnelo. Sljedopit ga ogleda sa svih strana, opipa – sklopi oči i prinese staklo licu: i odmah se trže od njega, razrogačivši oči od čuda.

Ivan uze Sljedopitu iz ruku epruvetu. Ivan obori glavu, sklopi oči i prinese epruvetu slepom oku: –

– i u očima mu i glavi iskrsnu nepodnošljivo, strašno jaka zelena svetlost: to je radijum lučio svoju energiju, a njegovi zraci skroz probijali mozak.

U laboratoriji je gorela elektrika, epruveta je bila najobičnija. Ivan ju je gledao začuđeno, prinosio je uz glavu. – A nepodnošljiva svetlost javljala bi se u zatvorenim njegovim očima, i probijala mozak.

– Ova je svetlost kao tvoja ljubav, Aleksandra! – reče Ivan.

Ivan nemoćno sede na sofu.

Ivan poče da govori.

Ivanu se učinilo da govori ovo:

– ... Čuješ, Aleksandra? Sve je to shvatljivo – ovi zraci dolaze od raspadanja atomne energije. Sve je shvatljivo, jest, sve se da objasniti – ali kakva divna svetlost! To je tvoja ljubav, Aleksandra... Čuj, ja ti govorim. Ljudski život ide za sasvim drugim, mnogo komplikovanijim zakonima – osrednji ljudski život. Životna sposobnost ma kog uzrasta predstavlja jedan praktički zadatak za proračun. Sposobnost za život je manja pri rađanju negoli u zrelom doba, kad dostiže maksimum – zatim, sa godinama života, sposobnost opada. Životna sposobnost jednoga atoma, čak i atoma radijuma, ne zavisi od njegovog doba starosti – to je najobičniji zakon za atom, ali ne i za mene! – Na koji se način raspada element? – To čovečanstvo ne zna. Postoji pretpostavka da je neposredni uzrok raspadanja atoma slučajna stvar! – Čuješ? – Slučajna stvar!... – Dakle, vidiš, kad bi sudbina, od svih ljudi koji žive na zemlji, birala određeni procenat onih koji će umirati svakog trenutka bez obzira na doba starosti, mladi ili stari, kad bi njoj trebala samo izvesna količina žrtava, koje bi birala slučajno samo da dobije potrebnu količinu – onda bi naša životna sposobnost bila ista kao i kod atoma radijuma. Atom radijuma daće svu energiju i – neće umreti. Ja ću dati svu energiju i – umreću. Ali ja hoću da živim, ja treba da živim! – Čuješ li, Aleksandra! – Kroz naš pseći život ja vidim svu ljudsku budućnost – i ja hoću da volim, Aleksandra... ja vidim svu silu zakona onoga što treba da izađe iz zakonske sile – što obara kanon o održanju energije revolucijom raspadanja atoma.

Ivanu se činilo da baš tako govori.

U stvari govorio je, u bunilu, drukčije:

– ... Aleksandra, Sašenjka, Saša, Sašuha.. razumljivo – zraci – raspadanje – atomi – životna sposobnost... Aleksandra, Saša, – životna sposobnost – slučajnost! – čuješ – slučaj, slučaj. Ja neću da umrem, neću, ne mogu, čuješ li!? – neću... – I tako mnogo puta, s ponavljanjima.

Isprva je Sljedopit slušao Ivana pažljivo, zatim mu je bilo svejedno. Tad Sljedopit uze iz Ivanovih ruku epruvetu i, sviknuvši se, neko vreme igrao se s njom. Pa je opet tutnu Ivanu u ruku. Priđe prekidaču da se poigra njime. I tada Sljedopit ugleda peto čudo. Isključio je struju: i u mraku oživeše, zasijaše, počeše da fluoresciraju zemljina utroba i zemljine tajne. U to vreme zasvira fabrička sirena. U rukama Ivanovim svetlela se epruveta.

Ivan uključi struju. Sljedopit je čuo. Ivan skrušeno zavrte glavom: znao je da će alfa-, beta- i gama-zraci radijumovog raspadanja, koji su mu prolazili kroz ruku, učiniti da ruka utrne, izraniti je i pokriti krastama kao od opekotine.

– Kako si dopao ovamo, starče!? – začuđeno upita Ivan Sljedopita.

– Ti si me doveo – odgovori Sljedopit.

– Ti sve brkaš, starče...

U zoru je veseli Snež poveo Sljedopita na brdo gde je hangar, da podigne Sljedopita na nebo. Obopin je otišao napred. Snež se sa strogošću šalio i neprestano je pogurkivao Sljedopita uzbrdo.

Sljedopit je išao kao što idu ljudi osuđeni na smrt...

... Celo jutro, ceo dan, proveo je Ivan u fabrici.

U fabrici, gde se u retortama sonom kiselinom razlažu u elemente: – uranijum, olovo, kalcijum, gvožđe – razlaže ruda – razlažu se U_3O_8, PbS, SiO_2, CaO FeO, MgO – tamo je nemoguće disati, i radnici rade u maskama protiv zagušljivih gasova, na smenu svakih četvrt sata – u zagušljivoj atmosferi od sonih, azotnih i sumpornih kiselina. U fabrici se iz više tona rude dobijaju samo miligrami radijumovih soli: i te se tone, pre nego što će se dobiti radijum, mnogo puta, u mnogo retorti – podvrgavaju kiselini i bazičnim reakcijama, zasićuju vodenim rastvorom, isparavaju, kristališu i ponovo oksidišu. Kad se izdvoje svi strani elementi, kad se dobije sulfat koji sadrži radijum – taj se sulfat pomoću karbonata pretvara u hloride, putem sagorevanja sulfata s ugljenom u sumporova jedinjenja: radijum tad ostaje s barijumom; – u topionicama gde se vrši sagorevanje ugljenom, nepodnošljiva je vrućina. – Radnici rade pod maskama zbog zagušljivih gasova, i smenjuju se svakih četvrt sata da dobiju vazduha. – Uistinu, da je Sljedopit upao u hemijske radionice, sigurno bi zaključio da su glavno strašilo i čarobnjaštvo baš te radionice, u kojima ljudi rade pod strašnim maskama – u kojima je nemoguće disati – u kojima nezaštićeno oko suzi i gubi vid – u kojima čitav red cevčica, cevi, cevčica, ogromnih peći, furuna, furunica, komplikovanih pribora i aparata služi nepojmljivo čemu – gde šišti, kloboće, mljecka, kašlje, grokće, zviždi, stenje – gde se u retortama rasipa zemljina utroba i stvaraju kristali, prvorođeni elementi vaseljene – i gde su ljudi ćutljivi, zaposleni i tačni.

Te su radionice dobile pravo na život od zemljine utrobe, u koju je čovek kroz rudokope prodro u mrak, neizvesnost i zagušljivost zemljinu.

Ivan je celo jutro bio u fabrici, nadgledao, pokazivao, rukovodio.

Pred ručak siđe u rudokop, gde su u mraku i zagušljivosti ljudi drobili zemljinu utrobu.

– I ovde treba govoriti o malenkostima – život je uvek divan u svom neskladu.

U rudokopu je napravljena konjušnica u kojoj su živeli slepi konji, što vuku vagonete. I ono što se najmanje očekuje u rudokopu – u konjušnici – uz zadah zemljine utrobe mešao se i zadah konjskog vonja, đubreta i sena. Vezani konji odmarali su se i mirno žvakali. Po podu u konjušnici bila je razbacana slama. Pored zida, na nogarima i na slami, pod električnom sijalicom, s knjigom u ruci, leškario je konjušar, konjušar kao konjušar, momčić od dvadeset godina, najdobroćudnije njuške. Nije ga se nimalo ticalo što leži na mestu zemaljskih čudesa, gde se raspada zemljina energija i odakle čovečanstvo crpe novo znanje, U rudokopu, naročito u konjušnici, bilo je vrlo toplo. Momčić je ležao sav blažen, prebacivši nogu preko noge, sa rukom zabačenom za vrat, i polako pljujući u prste okretao strane „Majke" od Gorkoga.

Ivan obiđe rudokop, u kojem su ljudi vadili rudu – i dođe u štalu konjušaru.
Konji su žvakali. Konjušar se ne mače, samo dobroćudno reče:
– Zdravo, druže direktore. Kažu da ti je došao brat od strica?
– Zdravo, Jaško – odgovori Ivan i sede momku na nogare. – Pa, kako je?
Jaško odgovori vrlo rado:
– Pitaš za Aljenku? – Juče je dolazila na sastanak.
– A kako rapfak?* – upita Ivan.
– Odgegaću kroz tri nedelje – odgovori Jaško. Zatim potanko, i lažući pomalo, ispriča o svom ljubavnom sastanku. – Ivan ga je najpažljivije slušao...

... Bajanje na razdvajanje: – „đavo ide po vodi, vuk ide po gori, ne sretnu se, misli ne misle, plod ne plode, rodne reči ne govore, neka tako i raba božja (ime rekavši) s rabom božjim (ime rekavši) misli ne misle, plod ne plode, rodne reči ne govore, nego uvek žive kao mačka i pas.

... A u onaj dan kad je Ivan uzeo aeroplan da ode na usoljsku železničku prugu – uveče, kao i svaki dan, sakupiše se slobodni od smene radnici u partijskom klubu – jedni; – drugi su sedeli u kasarnama, treći otišli do obronka. Kraj obronka je omladina pevala pesme i svirala harmonika, smejale se devojke-kozarice, koje bi trebalo nazvati ne devojkama, ne ženama, nego devojčice, jer su, od prašine i zadaha dnevnog posla, pre ličile na žene iz kamene epohe. U partijskom klubu je glasnogovornik smetao (ili nije smetao) čitanju novina, knjižica i časopisa. U kasarnama su neki igrali jarca.

---

* *Рабочий факультет*, radnički fakultet. – Prim. prev.

Veče je prolazilo kao što obično prolazi gluvo fabričko veče. Možda je Jaško odveo Aljenku daleko u brda, ili dole na reku, i, mada se pred Ivanom pohvalio svojom hrabrošću, u stvari sad sedi uz nju ćuteći, skroman, u onoj divnoj nemoći koju nosi prava ljubav – možda satima, ćuteći, srećan, drži Aljenkinu otvrdnulu ruku, a i ako započne da govori, neće govoriti drske reči, nego će pričati šta je pročitao u „Majci", i kako će kroz tri nedelje poći da uči, uči! ... A na nebu se u to vreme diže srebrnasti mesec. A u rudokopu, slepi konji, oslepeli u večitom mraku, u času odmora, mirno zoblju ovas.

U kasarnama, ostavljajući se jarca, ljudi su govorili o poslovima, svakidašnjici, ocevima, deci, granicama – jedna „ruka" (radnička smena) prepirala se s drugom: čiji je kad red, i o tome koja ruka sporije radi.

Unaokolo su polegale gore, šume, ritovi, reke – takve šume po kojima su ga, u danima kad je Ivan Moskva vodio istraživačku ekspediciju, čitava sela pitala – čija je sad vlast u Rusiji, da li se rat svršio, i ko sad vlada na carskom prestolu? – i takve gore u kojima je zlato bilo jevtinije od hleba, a skuplji od hleba munjan. – Ovde, pak, u mrtvoj dolini, milela je dizalica uzbrdo ka reci, dole na obali stajahu šlepovi i brodić. Tovarili su šlepove buradima bakarnog šljunka. Stajale su čitave naslage drva i uglja. Fabrika se pribila uz golo stenje kao lastino gnezdo. Neprestano su škripali u pokretu odozgo nadole i odozdo nagore – vagončići na elevatoru..

Komi-reči:

– *usni* – vraćati se iz lova, *abi* – nema, *dir* – dugo, *vabmini* – oslabiti.

MOSKOVSKA GLAVA

Lopovske reči:
– revolver – *špajka*, sat – *baka*, kaljače – *parobrodi*, karte – *sveci*, košulja – *ženica*, novac – *sarmak*, pantalone – *škeri*, prenoćište – *grobnica*, pasoš – naočari, zevalo – *anton*, cipele – *konji*, džeparoš – *širmaš*, gledati – *stremiti*, krst – *đavolje teralo*.

– Ivan je ulazio u Moskvu u nejasnom raspoloženju, sećajući se one desetogodišnjice koja mu se sad u pamćenju skupila kao harmonika: oktobar 1917. kao da je bio juče, i odavno u geološkoj eposi – fabriku je ostavio juče, ali juče se spremao da ide u ekspediciju s mandatom od VSNH* i Akademije nauka.

Ivan je uvek neprijateljski mislio na Moskvu, jer ga je svako u Moskvi po triput pitao za prezime, čudio se i nije mogao da shvati, kao da Ivan nije nasledio prezime od svojih otaca, nego ga je ukrao; ali je Moskvu voleo kao majku, Moskvu, koja mu je dala pravo na biografiju.

Ivan je putovao s Obopinom-Mlađim: Obopin se vraćao u Moskvu da pilotsko mesto na aeroplanu vrati ocu, koga je zamenjivao. Obopin je u vagon-restoranu pio po dve čaše rakije, dobro jeo, zviždukao, šalio se, spavao i čitao novine. Ivan je od Vjatke neraspoložen ućutao, i s olovkom u ruci određivao svo-

---
* VSNH = Ruska sovjetska narodna privreda. – Prim. prev.

je vreme u Moskvi: KK, VSNH, NTU*, lekar psihijatar – danju, prijatelji, a pozorište, knjižare – uveče.
Voz je stizao u Moskvu uveče. Ivan je stajao kraj prozora, pratio očima polja. Posle Aleksandrova, Ivan skupi stvari. U večernjem mraku iskrsnuše svetiljke Moskve, modre, zelene, fosforaste, kako je Ivan odredio.

U Moskvi, na stanici, pri beloj svetlosti gasnih fenjera, Ivan se dogovori s Obopinom da će on, Ivan, prvo otići u gostionicu „Pariz" na Lovačkom trgu, gde odsedaju privrednici iz unutrašnjosti – smestiti se i zatim doći Obopinima, Obopinu-Starijem, starom ratnom drugu.

Obopin zageguca ka izlazu, koračajući kako po zemlji hodaju piloti.

Bila je nedelja.
I taj dan u Moskvi, kao i svakog dana, u milionskom gradu Treće internacionale, u prestonici prve socijalističke države na Kugli Zemljinoj – iza prestoničkih fasada – iza volje gledati ili ne gledati – iza firmi, sirena, trubljenja, zvonjenja fabrika, lokomotiva, autobusa – posle bodroga dana volje, rada, poslovanja okončanja...

– iz pozadine milionskog grada, i dan i noć, svake noći – tog dana – dovezli su i dovozili – u Institut Sklifasofskog, u Jausku bolnicu, u Jekaterinsku, u Aleksandrovsku – dovozili su – samoubice, ranjene revolverskim mecima, one koji nisu umrli na vešalima, koji nisu umrli od otrova – otrovane, preklane, ustreljene, prebijene, ugušene. U Institut Sklifasofskog iz pozadine milionskog grada dovozili su sve koji su izgubili smisao za život, pravo na život, čast i

---
* CK, Centralni komitet. – VSNH, Ruska sovjetska narodna privreda. – NTU, Narodna tehnička škola. – Prim. prev.

životni nagon, koji su odlazili u smrt u ludilu gladi, samoće, nepotrebnosti, starosti, upropašćene mladosti, ismejane muževnosti, oskrnavljenog devičanstva – dovozili su ljude unakažene od tuče, alkohola, ljubomore, pljačke – mlade, stare, decu. Svakih pet minuta prilazila su ulazu kola za brzu pomoć, i bolničari iz njih izvlačili ljude s razmrskanim lobanjama, koji su krvarili, sa zakorelom sapunjavom penom otrova na usnama i podbratku. Ljude – od kojih svaki koji je ostao u životu preklinje da mu povrate život – te su ljude na nosilima raznosili po sobama i operacionim salama, da iz čovečjeg mesa i kostiju vade metke i noževe, da ušivaju rane, vraćaju na mesto iščašene kosti, neutrališu otrov – s tim da – ipak – veći deo tih ljudi umre u zoru, a oni koji ostanu živi, da se vrate u život kao bogalji ili polubogalji – s tim da Institut Sklifasofskog jauče svim mogućim ljudskim jaucima i patnjama, koje čoveka privode smrti...

– To je jedna pozadina...

– Iz drugih pozadina – u jazbinama Cvetnog bulevara, Strasnoga trga, Tverskih-Jamskih, Smolenske pijace, Serpuhovske, Taganki, Sokoljnika, Petrovskog parka – ili prosto u jazbinama po tajnim stanovima, po kitajskim perionicama, po ciganskim čajnim kafanama – skupljali su se ljudi da piju alkohol, puše anašu[*] i opijum, udišu eter i kokain, kolektivno ubrizgavaju sebi morfijum i da se sparuju. U podrumima bede ljudima je komandovala ruska gorka rakija uz jecanje harmonike. Na bulevarima i pijacama komandovao je kokain. Na ruskom istoku vladala je nirvana opijuma i anaše, po umašćenim ležajima erotičkih snova, pre dolaska policije. U pozadinama velikih kuća i jevtinog blagostanja, muškarci su u društvima „Đavo u stupici, ili „Đavolja dvanaestorica" članski ulog noću plaćali žena-

---

[*] Opojno sredstvo. – Prim prev.

ma, tu je sve bilo zastrto, a uz vino i loše cveće žene su morale biti gole. – I uz morfijum, anašu, rakiju, kokain, na spratovima, bulevarima, podrumima – svuda je bilo isto: ljudi su rasipali ljudsku – najskupoceniju! – energiju, mozak, zdravlje i volju – u zatupljenosti od ruske „mučenice, anaše i kokaina...

U trećoj pozadini, u Lefortovu, u zabačenoj crkvi, ravno u ponoć raspop je služio crnu misu – a parohijani, društveni ološ, histerički su uzdisali uz popovo unjkanje – pop je sekao crnom pevcu glavu na razgolićenim grudima žene koja je ležala na oltaru.

– Iz četvrte pozadine...
– Iz pete pozadine..

– Ivan zauze sobu u „Parizu", raspakova svoj kofer, u sobu ga je dovela, postelju razmeštala i punila kupatilo žustra sobarica, kaćiperka i namiguša, u beloj kapici i mekim noćnim patikama.

Pošto se okupao, Ivan izađe na ulicu.

Tverska je kiptela ljudima i žutom svetlošću, automobilske trube svojim basovima pojačavale su šum svetine. Ivan zaokrete u modrinu Kremlja, pođe niz zadnju stranu kremljevskog parka, prođe ispod mosta koji vezuje Kutafiju i Trojicku kapiju. Ovde je bilo pusto, vlažno kao u jesen i oprezno. Lišće je šuštalo pod nogama. Mrak je bio hladan. Ivan je imao da ide po Zverskoj do Puškina, tamo da zaokrene na bulevar sve do mesta gde izbija Bogoslovska ulica, i tamo da uđe u studentski rejon i Bronih, gde su stanovali Obopini – ali Ivan pođe drugim putem. Polako, posmatrajući okolinu, on siđe ka kremljevskom šancu prema reci Moskvi, pođe ispod Hristovog hrama ka moskvorečkom jazu, gde Moskva reka šumi od talasa koji udaraju u jaz. Tu je Ivan dugo stajao, prisluškivao šum vode koja je padala – a iz virova zajažene vode zapahivali su vlaga i mrak. Kremlj se gubio u mraku, a nebo nad gradom bilo žutozeleno. Unaokolo nije bilo žive duše. Prekoputa, na fabrici bonbona, noćni stražar udarao je u klepetušu – s mostova je doletalo zvonjenje tramvaja.

Tad Ivanu priđoše trojica.

– Daj da pripalim, druže! – reče jedan od trojice.

I odmah druga dvojica trgoše iz džepova revolvere, i prinesoše ih Ivanovom licu.

Prvi reče:

– Ruke gore! Mir!

Ivan se seti fronta – i razumede da će ga sad ubiti. Diže ruke da dobije u vremenu. Ali prvi – s veštinom dobroga krojača – raskopča mu kaput i maserski mu prođe po telu. Ivan shvati da nije reč o smrti, i pasivno se pomiri, čudeći se kako je sasvim ravnodušan prema tim rukama što ga pipaju po telu. Bandit mu izvuče iz zadnjeg džepa revolver – Ivan se seti da taj revolver ima već deset godina, da ga je uzeo od ranjenog nemačkog oficira, kod Naroča – i začudi se kako mirno dozvoljava da mu uzmu staroga druga. Bandit raskopča dugmeta, savršeno virtuozno pretraživaše i pipaše. Bandit skide kapu sa Ivana, hitnu svoju kačketu preko obalske granitne ograde u vodu, i stavi na glavu Ivanovu kapu. Dve revolverske cevi sve vreme bile su uperene Ivanu u lice, i smetale mu da vidi.

U Ivanovom džepu, još iz voza, beše ostala niklovana kutija za sapun: bandit je izvuče i nije mogao da je otvori. Ivan se seti da je pred Moskvom išao da pere ruke, i sad se nije mogao setiti kako je gurnuo kutiju u džep.

Bandit reče:

– Šta je to?

– Kutija za sapun – odgovori Ivan.

– Otvori! – reče bandit.

Ivan otvori.
– Zašto nosiš sapun uza se?
– Putnik sam.
– Gde služiš?
Ivanu je bilo teško da odmah odgovori na to pitanje; (da su ga pitali – kome služiš? – odgovorio bi odmah: revoluciji!). Ivan poče da objašnjava:
– Ja... moja je profesija...
Bandit ga ne sasluša.
– Aha – profesor! – pa što ne kažeš! – reče bandit miroljubivo.
Ivan pomisli: mora da je i za bandite zvanje profesora isto tako autoritativno kao i za seoske učiteljice.
– A ja sam mislio da si resefeser!* – našali se bandit i poče da govori lopovskim narečjem, obraćajući se pomagačima.
Banditi oboriše revolvere. Jedan od njih fenjerom osvetli zemlju pod Ivanovim nogama, diže sa zemlje rukavicu i pruži je Ivanu.
– Nosi se! – reče bandit. – Stani! – Gde stanuješ?
– Kod „Pariza" – odgovori Ivan.
– Aha. Dokumenta ćemo poslati sutra po kuriru. Nosi se, srećan put, druže profesore!
Ali pre nego što Ivan krete, banditi nestadoše kao da su u zemlju propali.
Ivanu su uzeli revolver, novčanik, sat i kapu.
Ivan je bio savršeno miran. Neko vreme stajao je na keju i prisluškivao šum vode, zatim zevnu i pođe natrag, pošto je zaključio da je nezgodno da ide u goste bez kape. Isprva je išao polako, zatim ubrza korake – pored Hristovog hrama skoro je trčao. Pred mostom uze kola, zaboravivši da nema novaca da plati.

---

* *Resefeser,* podanik RSFSR, tj. Ruske sovjetske federativne socijalističke republike. – Prim prev.

– Nije ni opazio da je trčao – činilo mu se da je potpuno miran.
Portir plati kočijašu.
U sobi je bila pripremljena postelja i jako bleštala elektrika. Ivan sede za sto. Pred vratima stajaše sobarica, nije odlazila, gužvala je belu kecelju. Ivan je pažljivo pogleda. Namerno zbunjena, potpuno otvoreno, bez uvijanja, sobarica naže glavu nastranu i upita:
– Dolazite s puta, možda biste hteli još nešto?
Ivan je pogleda vrlo pažljivo. Ivan polako reče:
– Sedi.
Ivan ju je gledao vrlo pažljivo, promatrao, u čuđenju se digao sa stolice...
... U svesti mu je nestala žena, svest se pomutila... video je kako je na stolicu sela neka ogromna država. Video je milione čoveku-nesličnih malih ljudi, koji su trčali, kotrljali se, proticali po toj kožom ovijenoj, komplikovanoj državi – od *perpetuum mobile* srca ka crevnim kujnama, ka ozonatoru dušnika, ka laboratorijama mozga. Sa stolice je nestalo ljudsko biće, koje misli, pati, prodaje se, Ivan je video usta, crvene usne – i video je kako iza zuba za mlevenje, iza mesnatog jezika, kroz grkljan u želudac silazi komad goveđine – da se od goveđeg mesa pretvori u ljudsko. U crevima su se sakupljali ostaci stolice. Oči su vodile u generatore moždanih vijuga. – Ali se usta, usne i oči izgubili za račun pojasnih prstenova kičmenoga stuba i ivičnjaka karličnih kostiju. Srce je svaki čas teralo mlazeve krvi, pluća se punila vazduhom da se krvni čovečuljci prečišćavaju u njemu. Crvene trube, crevni distrikti kočili su se kao smukovi. Moždane ćelije usisavale su fosfor. – Žena mrdnu nogom u noćnoj papuči: – čitav zamršen sistem naredaba polete kičmenom pršljenu, kičmenoj moždini, do kore velikoga

mozga i u odeljke ispod moždane kore, i obratno od njih do „ispolkoma"[*] mišićnih nerava, u oblasti čovečjeg mesa od kojeg su sagrađeni mišići, da bi, pošto se pregrupiše skupljajući se i šireći se, čovečje meso podiglo samo sebe u vazduh – sebe i kosti koje su obrasle tim mesom, i papuču, i čarapu, i podvezu, i suknju – podigne u vazduh i stavi na drugo mesto – šapćući sve ponovo o tome saopštenja, saopštenja o kojima ništa nije znao pretsovnarkom[**] te države – svest, kora velikoga mozga. Iza epiderme, Malpigijeva sloja, sluzi i mraka kože – vaistinu je živela najzamršenija država srčanih i belih krvnih čovečuljaka, ljubičastog ljudskog mesa, belih kostiju, živaca, patnje, radosti, saznanja svesnih i podsvesnih, onakvih za koje ni kora velikoga mozga još ne zna.

Sobarica je odavno prestala da se smeška, gledala je nezadovoljno i oprezno u čoveka koji je ćutao. Ivan je gledao u nju bolesnim nepomičnim očima.

– Ti si budala! – reče Ivan polako i toplo. – Ti ne znaš da, sem neznanja koje ograničava naš svet, da smo ti i ja, oboje, ograničeni tim tvojim mesom iz koga se ne može iskočiti.

– Na šta vi ciljate? – reče sobarica obodrena i spremna da se osmehne.

– Eto gledaj. Svejedno, ti ili ja. Ja sam ružan, nemam ništa. Pogledaj kakve su ti cipele? – sirotinja! – A ovamo sediš, spremna si da koketuješ za banku, zadovoljna si sama sobom. U stvari – ti si prekuvano meso, i ništa više, tako, jedna mišićna ćelijica ljudskoga organizma. – Ivan poćuta.

– Eto, radijum na putu raspadanja prelazi u olov. A olovo postalo od radijuma ima atomsku težinu

―――
[*] *Ispolkom,* Izvršni odbor. – Prim. prev.
[**] *Pretsovnarkom,* predsednik sovjetskih narodnih komesara. – Prim. prev.

296.09, dok obično olovo, plumbum za koji se ne zna kako je postao, ima sasvim drugu atomsku težinu – 207,2. Razumeš? Ništa ne razumeš!
Ivan poćuta.
– Oprosti mi, devojko, iskočio sam iz svoga mozga – na što god pogledam, sve mi se u očima raspada...
... Nije završio...
... Opet je sve nestalo, i opet se uzdigla ogromna država od kostiju, mesa, krvi i živaca. Ivan već nije znao ko je ta država – žena koja sedi pred njim, ili on sam. U mraku lobanjine kutije visili su stalaktiti vremena, nabacana su bila čitava brda starudije uspomena: i u mraku lobanjine kutije bilo je savršeno neprozirno – lobanjina kutija rasla je do neverovatnoće – kao u fabrici rudokopa Ivan je lunjao po lobanjinoj kutiji s fenjerom u ruci i spoticao se o uspomene. I – nepojmljivo odakle, iz lobanje ili rudokopa – Ivan izađe u polje, u noć, u stepu: ... trojica zdravih nosili su na ramenima puške i mrtvace...
Sobarica, više ne s koketerijom prostitutke, niti zlobno, već duboko čovečanski, materinski nežno, guraše čoveka nepomičnih očiju ka postelji – podgurkivala ga je i šaputala:
– No, no, lezi, lezi, spavaj, spavaj, kad ti kažem!...
Ivan odgovori tiho:
– Jest, jest, ja ću da spavam. Vrlo sam umoran. Ti stani na stražu, uzmi pušku. Ja ću da spavam.
Materinski – žena skide Ivanu cipele, svuče ga, položi u postelju, uvi i jedva čujno šljepajući noćnim patikama izađe iz sobe.
Elektrika ostade da gori.

– Dalje, Moskva je za komesara Ivana Moskvu bila utvara i bunilo, ponavljanje pojava i nerealnost.

U zakulisnom klubu jednog moskovskog akademskog pozorišta, u ponoć, na sednici društva „Časna reč", umetnik Vladimir Savinov držao je predavanje o pozorištu lutaka, o marionetama. Slušaoci su bili umetnici i mali broj zvanica. Glumac Vladimir Savinov imao je asimetrično lice astenika: bez obzira na rusko prezime i pravo rusko poreklo – prosekom očiju, uzvijenim obrvama, čelom i bojom kože, Savinov je ličio na Hindusa, Savinov je pričao lakonski, u kratkim rečenicama. Glumci poznaju tajnu stvari – put kojim se postižu glumački ciljevi: i Savinov je svoju glavu povezao čalmom pomorandžine boje. Tip astenika na ruskom jeziku zove se blesavom felom – i možda je Savinov bio i displastičar.

Glumac Savinov pričao je istoriju marioneta, njihov put kroz stoleća, pričao o tome kako su se one, izišavši iz stoleća, zadržale u Osaki u Japanu, u Kalkuti u Indiji, u Kairu u Egiptu – da indijsko pamćenje računa marionetama tri hiljade godina – tom apstrahovanju umetnosti, kad se čovek u umetnosti odriče čak i tela, i telo zamenjuje lutkom.

Mozak i reči glumca Savinova nosili su fantaziju slušalaca po neispitanim prostorima vremena, po onim istorijskim vijugama koje se zovu umetnosti, koje su uvek pomalo histerične i zabačene u daleke i tamne kutove kvartova mračne ljudske radosti.

I posle predavanja Vladimir Savinov je demonstrirao svoju umetnost: umetnost vladanja marionetama.

Razastreše crnu tkaninu, koja je, do trećeg dugmeta na prsniku, skrivala Vladimira Savinova. Pogasiše suvišnu svetlost.

I tad iza crne tkanine izađe marioneta, žena u ogrtaču Egipćanke. Ona se duboko pokloni, spustivši ruke prema kolenima. U rukama je držala lepezu. Glasom koji je imao intonaciju sitnoga šljunka, Vladimir

Savinov, viseći nad marionetom, recitovao je stihove. Marioneta-Egipćanka – žena jedva četvrt metra velika – hodala je, hodala, gazila svojim sandalama kao prava žena – hodala je i primoravala da se zaboravi da je ona samo lutka u veštim rukama Vladimira Savinova, pokretana nevidljivim končićima. Bila je primitivna. Spusti lepezu, stajaše neko vreme zamišljena, prislonivši ruku k očima, i dohvati sud s vodom, diže ga na rame, savi se pod težinom suda i pođe natrag.

Odmah za njom izađe Hindus u beloj odeći – sede na zemlju, skupi noge poda se, obori glavu i zamisli se, kao što razmišljaju stoleća istorije njegove otadžbine.

Bio je to čudan prizor, čudna tamna uslovnost umetnosti i tamna moć umetnosti, kolosalna – jer su te lutke potpuno kategorički živele u veštim rukama Vladimira Savinova, čoveka sa licem displastičara i sa glasom potmulim kao šljunak.

Lutke su živele, oživljavale u rukama glumca Vladimira Savinova...

Ivan je bio kod lekara.

Zazvonio je pri ulazu, skinuo se u predsoblju, čekao u čekaonici, ušao u kabinet.

U trenutku kad je Ivan ulazio u kabinet, kroz druga vrata je u kabinet ulazio profesor – iz trpezarije u kojoj je ključao samovar. Profesor psihijatrije pokaza se kao neočekivano gojazan čovek, i izgledaše tako kao da je svakodnevno spavao po petnaest sati.

Ivanu se pričini da ga profesor vreba.

Profesor pruži ruku, sede, ponudi i njega da sedke, skide mrvu s kaputa i škljocnu kutijom za cigarete: „Pušite?"

Ivan uze cigaretu, ali je ne pripali.

– Na šta se možete požaliti? – upita profesor pripaljujući cigaretu.

Dalje se Ivan nije sećao svoje posete profesoru psihijatrije. Došao je sebi na ulici, u rukama je držao ceduljicu s adresom Donske psihijatrijske bolnice. On pocepa ceduljicu i baci je. Tada – na ulici – on je u sebi savršeno jasno osećao dve svesti: jednu, koja je sad vladala njim, bila je nejasna, vučja svest, strašna, i gubila se u nepoznate, neshvatljive nagone – one koji su ga primorali da pocepa adresu bolnice; druga je svest bila jasna, prozračna i bezvoljna – ona je posmatrala prvu i bila nemoćna.

Uveče Ivan ode Obopinu. Obopini nisu bili kod kuće, trebalo je da stari svakog trenutka dođe. Ivana uvedoše u mračnu sobu, da pričeka.

Prve godine revolucije Obopini se naseliše u praznoj domaćoj kapeli kneževske vile. Obopin-Stariji udesio je svoj kabinet u oltaru. Obopin-Stariji nađe načina da u svoj oltar prenese neopljačkane kneževske stvari: njegov oltar sadržao je udoban hrastov pisaći sto, hrastove fotelje i divan od medveđeg krzna. Zidove i pod Obopin je zastro ćilimovima, koji kradu zvuke. Peć, kad je gorela, ispunjavala je oltar udobnošću, kao što je udobnost stvarao i starinski kuvaldinski sat, koji je, svakih četvrt sata, izbijao minuete osamnaestog veka. Zavese su uvijale prozore oltara, kao što žene šalovima uvijaju ramena. Obopin je tu uneo pseći zadah (zadah svoga bećarstva) i zadah ricinusovog ulja (zadah svoje profesije), zadah tamjana odavno beše izvetrio iz oltara.

Ivan ode u kabinet i sede na medveđe krzno, proteže se i zabaci glavu na naslon divana, Ovu sobu Ivan je odavno poznavao, i odavno je poznavao zadahe Obopina. Tako je Ivan sedeo deset minuta.

Osim psećeg, bećarskog zadaha i zadaha na ricinus, Ivan je osetio u vazduhu i treći, neshvatljivi zadah. Počeo je da njuška. Neshvatljiv, neprijatan, jedva osetljiv... Ivan nije odmah mogao da pozna zadah raspadanja, zadah lešine.

— Sigurno je ispod poda crkao pacov — zaključi Ivan.

Ali je zadah neprestano uznemiravao, i u pamćenju njegovu poče da iskrsava front.

U mraku sobe, iza teških ćilima, tišina je bila meka. Ivan leže na medveda, stavi pod glavu jastuk i zabaci ruke oko glave. I tad začu kako nešto u uglu više njegove glave zuji, jedva čujno, kao što zuje morske školjke. Ivan diže glavu i — brzo sede na medveda: — u uglu, jedva primetno, vizionarskom fosforastom svetlošću sijalo je ljudsko lice, vrat, ramena, neprijatno šuštanje morske školjke dopiralo je iz tog istog ugla.

Ivan se diže s divana i pođe nasusret fosfornoj svetlosti. U uglu je stajalo ljudsko biće. Ivan upali elektriku.

Ali Ivan — ali Ivan je u njoj poznao — ne mumiju. — U uglu je — za Ivana — stajala Aleksandra. Ivan priđe ka njoj: mumija je smrdela na lešinu. Ivan se zagleda: mumijini zatvoreni kapci, njeno čelo, njena kosa boje raži, njeno češljanje, njene usne, njen neshvatljiv, divan osmejak, sve ono što je mumija prenela kroz tisućleća, sve je to izvanredno ličilo na Aleksandru, posle tisućleća sve se to, na najčudniji način, ponovilo u Aleksandri.

Ali mumija je pričala i drugo: Ivan doznade da je imao Aleksandru. Ona žena, čije je ime zaboravio u bunilu, na koju je bio zaboravio u kubanskim julskim pomorima, žena s kojom se Ivan sjedinio prvi i poslednji put u svom životu, onda, u julu, u stepskoj bolnici, bila je Aleksandra i mumija u isto vreme. Tada, u bunovnom julu, bezimena devojka dala se Ivanu da postane žena, tada je prišla Ivanu tako strasno, s takvim poljupcima i s takvim predavanjem, koji mogu da poniknu samo u bunilu...

Mnogi delovi toga večera potpuno se odselili iz pamćenja Ivana Moskve zauvek. U kabinet uđe Obopin-Stariji. Ivan ga nije video. Obopin-Stariji video je sasvim drugo, ne ono što se u bunilu pričinjavalo Ivanu.

U uglu sobe stajala je nepomična mumija. S otvorenim očima mesečara, čovek se priklonio pred mumijom. Sa svim pijetetom, koji u sebi može da sakupi čovek koji voli, on je ljubio mumiju – njene oči, usne, obraze. Preneražen, Obopin je govorio: – „Grudi, grudi joj poljubi, nogu!" – i čovek je ljubio mumijine grudi spljoštene tisućletnim zavojem, tamne, sasušene noge, na kojima se meso pretvorilo u kaiš. Potpuno preneraženi Obopin je komandovao: – „Vidiš da ona traži da je uzmeš na ruke, uzmi je, pomiluj, nosaj je malo!" – i čovek, savijen pod teretom skamenjene mumije, nosao je nagu mumiju po sobi, ljuškao je kao dete i pevao joj zirjansku uspavanku.

To je video preneraženi Obopin.

Ivan je video kako je Aleksandra, koja je umrla pre tri hiljade godina, pošla njemu ususret. On, Ivan, bio je izvan vremena i prostora i pošao je ususret trihiljadegodišnjoj Aleksandri. I zagrlio je Aleksandru po pravu, krasnom pravu koje nije imao u životu, koje mu je dala kubanska noć. I Aleksandra mu se privila na grudi. Sa punom poštom i sa svom nežnošću, koje je mogao da sakupi u sebi, ljubio je on oči trihiljadugodišnje Aleksandre, koja je u trihiljadugodišnjoj mudrosti izašla pred njega naga, pun pijeteta dotakao se njenih usana i kolena. Uzeo je na ruke, na svojim rukama uspavljivao tisućleća, poneo na grudima najlepše što je imao u životu, i zapevao joj tako kako je njemu pevala mati nagnuta nad njim.

Mora da je Obopinu postalo nelagodno, te on reče veselo:

— Okani se, Vanjka, stavi je na mesto, prekinućeš se.

I Ivan pokorno stavi mumiju u ugao.

— Sedi, Vanja! Zbilja, šta ti je! — Mani! — reče Obopin.

Ivan pokorno sede na medveda. Obopin ga pogleda začuđeno, i, ne shvatajući zašto, postade veseliji. Ivan reče:

— Jesam li zadremao? Vratio si se već?

Obopin postade veseliji i reče:

— Posmatrao si mumiju? — Eto, brate, oženio sam se pod starost, tri hiljade godina ima gospa. Tri hiljade godina je proživela, a za vreme naše revolucije počela je da smrdi. Eto, već treća nedelja kako ratujem s njom, i borim se sa sobom.

Obopin pripali debelu cigaru. Duboke bore okružiše mu oči, kako to ponekad biva kod buldoga — i kao što biva kod buldoga, crvena mreža vena išara mu beonjače. Obopin se naže Ivanu. Obopin je bio vrlo ozbiljan.

— Ovaj čas dođoh s aerodroma — pričao je Obopin. — Kažu mi da sam se naleteo, gubim srčanost — koještarija! — Mogu da vodim mašinu kud god hoćete, i kako god hoćete, u oblake, iznad oblaka, zatvorenih očiju povešću je kako god hoćeš. Ne, nisam izgubio srčanost — možda se ko drugi naleteo, to se mene ne tiče!... A živim s mumijom... he!... Irondel — francuski znači lasta.

— Šta to znači naleteti se? — upita Ivan.

Obopin odgovori tiho:

– Znaš, to je... naša profesija. Piloti, posle izvesnog vremena, gube srčanost, kod njih se pojavljuje nesigurnost, počinju da se plaše vazduha, gube orijentaciju, nesigurno upravljaju aeroplanom – živci se kvare. Ako se njihova bolest ne opazi, propadaju, razmrskavaju se.

Obopin poćuta.

– Strašna je to bolest! – viknu. – Čovek se plaši vazduha, rđavo vodi, kao žutokljunac, pa ipak srlja u vazduh, ne može da živi na zemlji, nema šta da radi na zemlji, boji se vazduha i srlja u njega – a na zemlji mu je dosadno, muči se, pije rakiju – a u vazduhu sve više drhće od straha, i propada na ravnom mestu kao žutokljunac.

– I ja sam se, eto, naleteo! – reče Ivan.

Obopin dreknu:

– Ne, ja se još nisam naleteo – nisam – koještarija najviša, attendz* malo!... Snagu sam otkrio u sebi. Ako naredim, nijedna se mašina neće razlupati. Ako naredim, mumija će da igra. Ja sam ti naredio da ljubiš mumiju.

Ivan se diže da ide kući. Obopin mu predloži da pričekaju njegovog sina, koji je hteo da starce odvede u goste glumcima koji će pokazivati marionete.

Ivan ode.

– Na onom mestu gde danas stoji spomenik Gimirjazevu, oktobarskih dana 1917. stajala je trospratna kuća. Tu su kuću junkeri i topovi razrušili. U toj se kući Ivan tukao za svoju biografiju. U danima pre biografije, Ivan je u toj kući ručao nekoliko puta.

Noću, kad se Ivan vraćao od Obopina – prolazeći kroz Bogoslovsku ulicu, pored stare crkvice, izašao je na Tverski bulevar, pošao desno ka Nikitinskoj ka-

---

* *Attendez,* čekajte. – Prim. prev.

piji, da pogleda na kuću gde se tukao za samoga sebe i za divnu čovečansku budućnost. Zaobišao je kafanu koju su stari Moskovljani nazivali „Kod Grka", i pošao naniže.

Mislio je na ono što je nekada u oktobru bilo.
Očekivao je da vidi firmu restorana i trospratnu zgradu.
U mraku ugleda spomenik.
„Kako sam se to prevario! – pomisli on. – Pošao sam Nikitinskoj kapiji, a ispao na Puškina?"
I on se vrati.
Noć je bila mrkla i pusta.
Prođe pored „Grka". Pred sobom ugleda spomenik.
Zastade u čuđenju.
Pođe spomeniku.
Bio je to Puškin.
Ivan pročita:

„I dugo narodu svom biću drag
Što dobra čuvstva lirom probuđivah."

Ivan obrisa čelo, obazre se unaokolo i pođe natrag.

Bulevar je bio mračan i usamljen – pred njim je stajao Puškin.

Ivan uvuče glavu u ramena, i sad nije pošao, nego je potrčao natrag.

Pred njim je bio Puškin.
Puškin se razdvojio.
Puškin je prečio put Ivanu.
I tada Ivana obuze ledena strava. Uvukavši glavu u ramena, prikradajući se na prstima, Ivan kroz Bogoslovsku ulicu izađe s bulevara – Ivanu se činilo da se Puškin sakrio iza crkve – Palaševskom ulicom Ivan

izađe na Tversku, i pođe ka Dmitrovki. Puškin je bio iza svakog ćoška. Ivan je išao na prstima.

Prava Aleksandra znala je da je postojao bunovni juli, i da je tada izgubila devičanstvo – ali tada, u bunilu, kao i nikada u životu, nije doznala da je njen muž bio Ivan Moskva; u bunilu je to zaboravila.

Ujutru Ivan spakova kofere, da još istog tog dana otputuje. Posla kurira po karte, i Obopinu: da bude spreman za put. Ivan lično spremi se da ide u VSNH, u CSU i u CK.* Ivan je radio, i imao jasnu predstavu o poretku stvari. Pripremio je bio izjavu da je bolestan i nesposoban za rad. U hotelu, kad je silazio da izađe na ulicu, zaustavi ga raznosač i pruži mu paket. U paketu su bile njegove stvari koje su mu bili oduzeli banditi, revolver, novčanik, sat i kapa. Bilo je i pismo.

Pismo je sadržalo sledeće:

„Dragi ratni druže i komandiru Moskva! Piše ti tvoj ratni drug i redov crvene armije, Semen **Kg estov**, s kojim si zajedno vukao mrtvace u kubanskim stepama. Pregledao sam tvoja dokumenta i srce me zabole: koliko su se naši putevi razmimoišli, ti si crveni direktor, pun odgovornosti, a od mene je sudbina stvorila drumskog razbojnika. Oprosti mi što te onda u mraku nisam poznao. Tako sam želeo da svratim do tebe i potsetim se na staro, ali i sam znaš da mi nije mesto u vašem kraljevstvu.

Duboko ti se klanjam, dragi ratni druže i komandiru, Vanjo Moskva, i ostajem tvoj redov *Semen Kljestov*."

---

* VSNH, Ruska sovjetska narodna privreda. – CSU, Centralna sovjetska uprava. – CK, Centralni komitet (Središni odbor). – Prim. prev.

piji, da pogleda na kuću gde se tukao za samoga sebe i za divnu čovečansku budućnost. Zaobišao je kafanu koju su stari Moskovljani nazivali „Kod Grka", i pošao naniže.

Mislio je na ono što je nekada u oktobru bilo.

Očekivao je da vidi firmu restorana i trospratnu zgradu.

U mraku ugleda spomenik.

„Kako sam se to prevario! – pomisli on. – Pošao sam Nikitinskoj kapiji, a ispao na Puškina?"

I on se vrati.

Noć je bila mrkla i pusta.

Prođe pored „Grka". Pred sobom ugleda spomenik.

Zastade u čuđenju.

Pođe spomeniku.

Bio je to Puškin.

Ivan pročita:

„I dugo narodu svom biću drag
Što dobra čuvstva lirom probuđivah."

Ivan obrisa čelo, obazre se unaokolo i pođe natrag.

Bulevar je bio mračan i usamljen – pred njim je stajao Puškin.

Ivan uvuče glavu u ramena, i sad nije pošao, nego je potrčao natrag.

Pred njim je bio Puškin.

Puškin se razdvojio.

Puškin je prečio put Ivanu.

I tada Ivana obuze ledena strava. Uvukavši glavu u ramena, prikradajući se na prstima, Ivan kroz Bogoslovsku ulicu izađe s bulevara – Ivanu se činilo da se Puškin sakrio iza crkve – Palaševskom ulicom Ivan izađe na Tversku, i pođe ka Dmitrovki. Puškin je bio iza svakog ćoška. Ivan je išao na prstima.

Prava Aleksandra znala je da je postojao bunovni juli, i da je tada izgubila devičanstvo – ali tada, u bunilu, kao i nikada u životu, nije doznala da je njen muž bio Ivan Moskva; u bunilu je to zaboravila.

Ujutru Ivan spakova kofere, da još istog tog dana otputuje. Posla kurira po karte, i Obopinu: da bude spreman za put. Ivan lično spremi se da ide u VSNH, u CSU i u CK.* Ivan je radio, i imao jasnu predstavu o poretku stvari. Pripremio je bio izjavu da je bolestan i nesposoban za rad. U hotelu, kad je silazio da izađe na ulicu, zaustavi ga raznosač i pruži mu paket. U paketu su bile njegove stvari koje su mu bili oduzeli banditi, revolver, novčanik, sat i kapa. Bilo je i pismo.

Pismo je sadržalo sledeće:

„Dragi ratni druže i komandiru Moskva! Piše ti tvoj ratni drug i redov crvene armije, Semen **Kg estov,** s kojim si zajedno vukao mrtvace u kubanskim stepama. Pregledao sam tvoja dokumenta i srce me zabole: koliko su se naši putevi razmimoišli, ti si crveni direktor, pun odgovornosti, a od mene je sudbina stvorila drumskog razbojnika. Oprosti mi što te onda u mraku nisam poznao. Tako sam želeo da svratim do tebe i potsetim se na staro, ali i sam znaš da mi nije mesto u vašem kraljevstvu.

Duboko ti se klanjam, dragi ratni druže i komandiru, Vanjo Moskva, i ostajem tvoj redov *Semen Kljestov.*"

---

* VSNH, Ruska sovjetska narodna privreda. – CSU, Centralna sovjetska uprava. – CK, Centralni komitet (Središni odbor). – Prim. prev.

Uveče Ivan Moskva i Obopin ležahu u odeljku 1. razreda.

Ivan se vraćao u fabriku da kaže Aleksandri da je ona njegova žena, i da je on njen muž. Onaj bunovni juli bio je njihovo venčanje, kad je devojka Aleksandra postala žena.

Ivan je dremao. Obopin je govorio:
– Hoćeš li, sad ćemo da dozovemo onu mumiju? Ona će ti služiti čaj!...

– Republikanske reči:
CSU, NTU, VSNH, PGU, Prombiro, Rapfak.*

---

* NTU, Narodna tehnička škola. – PJU, Industrijska državna škola. – *Prombiro,* Privredno odeljenje, – *Rapfak,* Radnički fakultet. – Prim. prev.

ZAKLJUČNA GLAVA

VAN OKOLNOSTI

Pod uralskim metalurgijskim fabrikama zemlja je jaka kao znoj.

Od Petrovih dana, svaka fabrika na Uralu pamti dobro stoleće svoga života – i sve su fabrike podignute kao jedna. Unaokolo šuma, odvajkada je tu duboka klisura, na dnu njenom protiče potok ili rečica – na rečici bi podigli nasip, ponekad po pet vrsta dug; i onda bi se sa jedne strane stvorio ogroman jaz, čitavo jezero, a s druge strane, u jaruzi, u dolini pod nasipom, podigli bi fabriku. To se radilo zato, da se, osim ropskih radnih ruku, iskoristi i besplatna vodena energija – vodena snaga kretala je fabriku.

Svaki takav nasip pamti stoleće – fabrike stoje u vlazi, u jarugama, počađale, oronule, u fabrikama se radi ručno; u fabrikama, u topionicama i Martenovim pećima topi se gvožđe i čelik, kao što su se topili pre sto godina – ne kamenim, nego drvenim ugljem, drvima: i kraj svakog fabričkog natpisa leže ogromne količine drva i frkće motor na strugari, spremajući gorivo za fabriku. I levo i desno od fabrike, podupiru šumu, zadiru u šume počađale, prizemne, pukotinjave kolibice, radničke naseobine. Radnici tu ručnim putem liju gvožđe, ručnim putem valjaju blokove, a kod kuće oru zemlju, pecaju ribu i napasaju stoku (tužne klepetuše zvone stoci o vratu). Radnici u naseobinama ostadoše tu poreklom od spahijskih i „državnih" robova.

Na istoku izlazi crveni mesec, sunce kao crvena rana zalazi na zapadu, zaklonivši se ognjenim oklopima oblaka: po dolinama, u modrikastoj magli šuma, među gorama zabukte Martenove peći kao rane – na Čermozi, na Majkori, na Požvi, na Kuvinu, na Čusovoj.

U fabrikama, u fabrici iz komađa gvožđa svakojake vrste, gotovo ručnim putem, gotovo kao u doba Petra, kuju se srpovi, kose, pruge, žbanovi, kotlovi i krovno gvožđe. U Martenovoj peći je stisnut komad sunca: tamo treba gledati kao u sunce, kroz plave naočare – ali Martenovo sunce postaje prost sivi blok, Taj blok zagreva se u radionici za zavarivanje i, s pomoću desetak radnih ruku i uređaja za valjanje, crveno testo gvožđa izvlači se u duge poluge, kao domaćica kad hoće polugama da pokrije pirog. Te se poluge seku na komađe, gotovo ručnim putem. To komađe ide u valjaonicu gvožđa, tamo se ponovo usijava, ponovo valja, kao domaćica testo oklagijom za pirog. Zatim se ti listovi seku, proveravaju, premazuju i slažu – i tad je gvožđe gotovo, u pločama razne kakvoće i debljine.

Zato što se ovde radi primitivno, na svakom svežnju gvožđa majstor stavlja svoje ime i prezime – Karp Markovič Moskva, Ivanov nećak iz trećeg kolena.

Tamo gde gvožđe treba gnječiti i valjati – tamo radi malj, koji dobija snagu od vode, nimalo komplikovanije od naših seoskih vodenica, gde se pričaju bajke da u viru žive vodeni dusi.

U fabrici je teskobno, čađavo, sve staro, sve pretrpano stogodišnjim otpacima, vagonete guraju ljudi.

Iznad fabrike, iza nasipa, široka jezera. – Kolibe u zaseoku pune su pukotina, a na krovu, kao ukras, imaju drvene konjiće – proroke raspuća još nesvršenog u Rusiji.
– To je život, koji je rodio Ivana Moskvu.

PRVI ZAKLJUČAK

Ivan je govorio Aleksandri, ne zna se da li u bunilu ili na javi:
– Radijum!... Potpuno je netačno da je to neki natprirodni kladenac nadmaterijalne sile. Ne zato što on ima neku naročitu moć ili sadrži rezerve energije koju drugi elementi nemaju... Slušaj! – Slušaj! – Radijum je čudan samo zato, što se raspada brže nego svi ostali elementi, dok se druga tela, ili uopšte ne menjaju, ili se menjaju tako polagano da čovek nije u stanju da ih prati. – Slušaj – radijum kao da je iz plemena Azra – „kad zavoli, on umire". – Jest, jest, ljubav je raspadanje energije, Azri su kondenzovana energija – i zato su divni. Jest, jest, nije to slučajna osobina radijuma da svojom radioaktivnošću obasipa okolne predmete. Ali kad se raspada, kad umire, Azra-radijum daje trista šezdeset hiljada puta veću energiju nego što se ima pri spaljivanju iste količine ugljena, – čuješ li, kolika je to energija?! – Tako i ja umirem.
Ivan je govorio:
– Čovečanstvo stoji na pragu nauke. Nauci sam posvetio svoj život. Prvi korak čovečanstva od varvarstva ka civilizaciji bila je veština da se ljudskom voljom dobije oganj. Ali sad, kad se čovek nalazi pred znanjem o unutarnjoj energiji atoma, kad je na pragu da zavlada tom energijom – čovečanstvo je sad opet u položaju prvobitnoga čoveka, kad je taj prvobitni sta-

jao pred vatrom koju je munja potpalila, ne znajući kako se ona dobija. Sad smatramo da su izvori energije, kojima se danas koristimo, prosto ostaci prvobitnih rezervi prirode – tako jest, i tako je bilo. I tako će biti – biće onda kad ključ od prirodnog blaga bude u našim rukama, kad se naučimo da pretvaramo elemente – po svojoj volji – jednog u drugi. I čovek je isto tako samo rezervna energija; čovek će biti u rukama čoveka: „slučaj" raspadanja biće skinut sa računa čovekova života. To će tek biti. Zasad je u rukama čovečanstva samo dvesta trideset grama radijuma – jest, samo toliko!...

Ivan je govorio:

– Bilo je uobičajeno da se evolucija zemljine kugle posmatra kao rezultat velikih kataklizama i katastrofa. Sad čovečanstvo poznaje večitu, neprekidnu i neodoljivu delatnost kosmosa, koja je, bez obzira na kratkoću čovečjeg vremena koje tu delatnost čini neprimetnom, izazvala u epohama kosmičkog kalendara tako velike i potpune promene, da je današnji oblik zemljine kugle samo prelazni momenat neprestano promenljivog dejstva. – Jest, ali ja ću umreti. – Čuješ li, Aleksandra?!

DRUGI ZAKLJUČAK

Kao i uvek kad zvrji avionska elisa – po putevima, po njivama, na konjima, na kolima, u trku, u galopu, ili pešice – trčali su ususret avionu seljaci, momci, seljanke, devojke, deca, i drevni starci – da vide – u strahu gotovi da nagnu natrag, ili, ako bude potrebno, da dohvate motke, u svakom slučaju da vide i da pokažu da ih se sve to ništa ne tiče.

Obopin-Stariji i Snež pripremali su avion. Jedan radnik progura se do Moskve.

– Dozvolite, druže, da vas upitam – reče radnik. – Koliko vrsta pređe avion za sat po pravoj liniji od istoka na zapad?

– Sto sedamdeset kilometara – odgovori Ivan.

– A sa zapada na istok?

– Isto tako sto sedamdeset kilometara – odgovori Ivan.

Radnik se zamisli, zažmuri i reče:

– Radi tačnosti, uz takvu brzinu, ma zasad i u sekundima, ali principijelno treba uzeti u obzir i zemljino kretanje, druže!

Radnik je bio u pravu. Ivan se seti da je razlika u vremenu u fabrici i ovde – po suncu – pola sata, i da nema ništa apsolutnog – i da čovečanstvo, radi „principijelne tačnosti, treba da uzme u račun svoje brzine i zemljino kretanje. Trup aviona liči na ispupčeno čelo, a kabine pilota i mehaničara na očne duplje – i avion, ako ga gledaš pravo, liči na ljudsku lobanju – te puste očne duplje, to ispupčeno čelo: ljudska lobanja je uvek bila simbol mudrosti.

Seljak upita;

– Zar je na nebu hladnije, a? – Vidim, oblačite krznene kapute.

– Jeste – odgovori Ivan – ukoliko je veća visina, utoliko je hladnije. Na visini od tri hiljade metara mrzne se voda i kad je najveća vrućina dole.

– Ta-ko! – odgovori seljak razmišljajući. – Znači da je svecima tamo hladno – mora da u bundama idu!...

Gomila je komentarisala:

– Jaruslane, slušaj, poleteće?!

– Kao guska – i po nebu i po zemlji!

– Ide da ore daleko – liči na to.

— Kad su u drugim zemljama izučili svu tehniku, ne može ni naša država da izostane.

Kad je Ivan već namestio pilotsku kapu i spremao se da sedne u avion, ču kako jedna žena reče drugoj: — „Doterali krave, treba ići i musti ih!" — a druga žena odgovori: — „Pričekaj, namušćeš se u životu — ne leti svaki dan jeroplan!" — i Ivan predstavi sebi: kako milioni ruskih seljanki, u ovaj čas sunčeva zalaska, po komandi sunca, sedaju kraj kravljeg vimena, milione krava muzu — strašno je čak predstaviti sebi te milione ruskog opanka što robuju zemlji. I čovek nije u stanju da ispriča sve što se ne komentariše rečima — da je tu, na tom polju, gde su se rodili i umrli dedovi sakupljenih, gde se još pamte solikamska stroganovska razbojništva, gde je sve kao rođeno, gde pasu ovce, a preko reke plovi splav, splav kojemu ima možda petsto godina — tu na tom polju stoji avion, čovekova volja koja diže čoveka u nebo.

Pravo biti u vazduhu, strogo je pravo, i Obopin je bio ćutljiv i svečan.

— Pali!
— Upaljeno!

Elisa zuji, gomila se okrenula od aviona — ili se avion okrenuo od gomile? — Zemlja juri strašnom brzinom — sve donde dok se ne zaljulja ispod aviona: znači da se avion odvojio od zemlje, znači da je u vazduhu, gde nema brzine i visine. I onda, ne avion — avion stoji na mestu — nego zemlja ispod njega mili unatrag, reka, šume, polja, sela kao igračke, košulja Rusije. Klokoće elisa, sunce je sa strane, vetar šeta uporedo. Minuti u vazduhu izgledaju kao časovi.

Oblaci idu pod Ivanom, avion se digao iznad oblaka. Karavani idu pod Ivanom. Ljermontov je pravilno rekao: karavani oblaka. Sunce je uporedo, ono sunce u čije ime se jednom u Ivanovom mozgu zaljuljala zemlja. I, da je Ivan bio na Arktiku, on bi tu, iznad oblaka, shvatio da se ponovo nalazi na Arktiku. Oblaci nad avionom – nebo i glečeri u daljini, ružičasti od večnog dana i sunca, spori. Oblaci pod avionom su ledene sante, koje plove po modrom okeanu. Dole u daljini šume u oblacima slile se u magli sa morskom modrinom. Naravno da je to Arktik – eno ona velika santa plovi pravo na avion – eno tamo na obzorju uzdigao se glečer – eno pokrenula su se ledena brda. Kako je čudno sunce na Arktiku! – Ono se ne diže visoko, ali je večito, kad je tamo leto.

Avion ima pred sobom modre i sive oblake, sunce je tamo crveno, laki se oblačići skupljaju u čitava stada, odande ide nepogoda. Avion leti onamo. Zemlja se ne vidi. Dole, gde treba da je zemlja, modrina je i mrak koji ne dopuštaju oku da prodre – u tu modrinu zavila se košulja Rusije, nakostrešenost šuma. I jedva nešto levo od aviona, ispod aviona zasja munja, grom nadjača elisu. Ispod aviona je nepogoda. Avion ide napred. Jedino se on bori sa stihijom – eno bacilo ga uvis, sad je opet bačen na krilo dole. Avion leti iznad nepogode. U vazduhu su minuti časovi. Opet i opet avion je bacan nadesno, nalevo, gore, dole. Udaraju gromovi i plaze se munje. Nalevo ispod aviona, olovna modrina, vide se mlazevi kiše, tamo sijaju i žure munje. A desno od aviona beskrajno sunčano prostranstvo, nebesko plavetnilo, azurna šumska modrina, modra daljina. – Munja, grom, opet je avion odbacilo uvis, pa zatim dole, u ušima je zazvonilo – videlo se kako je zatreperila mašina, kako su se krila u vazduhu oduprla i zazvonila: možda se avion za trenutak zaustavio u vazduhu – ali se elisa opet probija kroz stihiju, probija oblake, probija se napred, napred. Nepogoda je ostala pozadi. – Sumrak je, i eno, iza šuma, sa zemlje, uzdiže se ogromni mesečev kotur, i krvavo boji oblake: to je na istoku – a na zapadu kao crvena rana zalazi sunce, zažarivši oblake u krv. A dole zemlja, modra, magličasta, prevučena sivim dimom – tu i tamo, vidi se kako plamte šume u šumskom požaru – i tamo dole zamagljuje se zemlja,

I tad dole, pred njima, iskrsnu Poljudova Dolina, Poljudova Gora, gde Ivan kopa zemljinu utrobu.

Avion poče da se spušta.

... I tad –

... Buldogovske bore izgladiše se oko Obopinovih očiju, oči iskočiše iz očnih duplji. Avion pođe kao svrdlo. Ivan nagonski htede da ustane, i ne mače se, privezan kaišem. Avion leže na nos. Dole se zemlja okretala kao čigra. Obopin je buljio oči, ruke su mu bile slobodne. Mehaničar Snež, vrlo usredsređene pažnje, s padobranom u rukama peo se na trup aviona, na krilo: s krila ga otrže vetar, i naduven padobran. Tad kao krvava raketla planu benzin –

– Aleksandra se beše popela na brdo da dočeka avion. Na plavom nebu planu sjajna raketla. Sa tom raketlom je umirao Ivan, muž, koga žena nije poznavala. Kao što je nekada Ivanu sunce bilo nepomično, tako su sad za Aleksandru bile nepomične raketla i ona, i ljuljala se, ljuljala i padala zemlja. Aleksandre se nije nimalo ticalo što se sa zemlje digao veseli Snež, brišući kolena...

U času kad je Ivan umirao, dole pod ponorom već je sijala svetlost fabrike, one fabrike čijom je produktivnošću Ivan hteo da ustanovi: da na svetu nema granica količini slobodne energije, osim granica ljudskoga znanja. Nad zemljom se nadnelo tiho zirjansko veče...

TREĆI ZAKLJUČAK

Dan pre nego što će Ivan da umre, Sljedopit ode iz fabrike. Kad se vratio u svoj kraj, kud je išao dve nedelje po severnoj Keljtmi i po Jekaterinskom kanalu, koji su, pre sedamdeset godina, zatvorili; kad se Sljedopit vratio kući, u Ivanov kraj, pričao je o svojim utiscima otprilike ovako:

– Naravno, čim sam stigao u fabriku, odmah me je jedan dobar čovek odveo Ivanu. Sedimo mi tako, pijemo čaj, kad, odjednom, po nebu leti jeroplan, prolete i spusti se na zemlju. – „Čuješ – kaže Ivan – pritisni prstom ovde!" – Ja pritisnuh i sve se lampe po kući upališe, lampe koje svetle, a niti gore niti smrde. Onda dođoše letači, opiše se, i ništa više ne pamtim. Znam samo da je od Moskve do fabrike sprovedena truba, i kroz trubu govori fabrici narodni komesar Lunačarski razne reči. Pa mi kaže letač po imenu Snež: – „Moraćeš sutra da letiš sa nama!" – Pomislio sam da se on našalio i pođoh sa njima na brdo, šale radi. Dođosmo, a on, pseći sin: „Penji se – kaže – u jeroplan!" – Tad se ja uplaših. Počeo sam da bežim, ali me uhvatiše. – „Ako pobegneš – kaže – mi ćemo te uhapsiti!" – Mislio sam, mislio, pa sam morao da čučnem. Ne idem, ali oni me uzeše pod ruku i povedoše, tako me vezali za kaiš, da ne pobegnem. – „Ne boj se – kažu – oče, ako padnemo, zajedno ćemo!" – I tako krenusmo. Isprva smo leteli oko sto pedeset hvati po zemlji, samo sipaju iskre iz očiju – pa se digosmo u vazduh, što je strašno – letimo, letimo, pa odjednom padnemo dole po dva aršina i više. Uhvatio sam se za vođu i sedim s njim. On me pita: – „Vidiš li – kaže – fabriku?" A ja, iako ne vidim, kažem da vidim. Zemlja je dole kao tanjir. Naravno da sam se isprva krstio i ogradio se od mađija – zatim smo se spustili na zemlju, sva je uprava fabrike čula za mene, ni hranu mi nisu naplatili. A vođa mi je dao svedodžbu: – „Pokaži, kaže, kod kuće, da si leteo, inače ti neće verovati"... – Svima vama kažem da je jeroplan dobra stvar, i svakom savetujem da ide i da leti. Posle me je Ivan pozvao sebi, posadio me na stolicu, pitao me kako sam leteo, i šta sam mislio – priznadoh mu da sam isprva psovao letače u sebi, i čak se krstio, a sad kažem: pristajem da letim!... – Svima savetujem da idu da lete!...

ČETVRTI ZAKLJUČAK

Dan pre nego što će Ivan umreti, otide Jaško iz fabrike.

Pet dana docnije otišla je i Aleksandra,

U Ust-Kulomi Aleksandra stiže Jaška.

... „Zirjani" – znači „potiskivani" – ali im je pravo ime Komi – Komi-narod, – Komi-mort. U Ust-Kulomi Aleksandra upita:

– Koliko je još vrsta ostalo do železničke pruge?
– Sedam stotina – odgovoriše joj.

Aleksandra ode vojenkomu[*], a vojenkom joj je pričao: kako je išao na registraciju u selo Mijeldino, pet stotina vrsta odavde. Svi su tu sedeli u svojim kućama u novom ruhu, vojenkom naredi da mu pokažu konje, radi registracije – odgovoriše mu da ne vredi pokazivati konje kad je inače sutra u devet sati ujutru smak sveta. Tako niko nije ni prstom mrdnuo, sedeli su po kućama svečano i čekali. Vojenkom je morao da priček sutradan do dvanaest sati, tek mu tad dovedoše konje, pošto su verovatno zaključili da je smak sveta odložen. Vojenkom je pripovedao kako

---
[*] *Vojenkom,* vojni komesar. – Prim. prev.

se ovde po selima daju mandati: – „Seoski savet SSSR i drugo, zatim, umesto daljeg objašnjenja, hlebom prilepljeno guščije pero, i krst nepismenosti. Taj mandat znači: – Vozi toga i toga kao guščije pero! – i s takvim mandatom ide šumski narod čamcima, kolima i jelenima.

Aleksandra se vrati u kolibu, gde je trebalo da noći.

Noću ona ču kako se neko dole mota oko konja, nutka ih, kreće kola. Upita, u čemu je stvar? – Odgovoriše joj:

– To studenti odlaze u Moskvu.

Ona siđe dole i vide među studentima Jaška.

Odavde, iz ovih šuma, odlazili su studenti u Moskvu, jedan rapfakovac[*] (Jaško), dva studenta iz Kutve, i jedan iz petrovgradske tehničke škole. Trebalo je da pređu trista vrsta do lađe. Aleksandra kreće sa njima.

U Ust-Sisoljsku Aleksandra i studenti pređoše na lađu.

S vremena na vreme, kapetan lađe je vikao:

– Građani putnici, pređite na krmu!

Putnici su prelazili na krmu – lađa bi promilela polovinu plićaka – tad su, po komandi kapetanovoj putnici prelazili na pramac.

Zatim se lađa, na kraju krajeva, ipak nasukala na plićak, i stajala tako ceo dan i noć, dok nije došla druga da primi putnike.

Na lađi je bilo deset slučajnih putnika, kao Aleksandra – i sto pedeset studenata. To su ih šume, ritovi, jezera Komi-oblasti izdvojili i slali na nauku. – Svako se seća iz udžbenika geografije starih ruskih vunenih klobuka, koji su ličili na vedra – studenti su

---

[*] *Rapfakovac*, student na rapfaku (radničkom fakultetu). – Prim. prev.

putovali u vezenim košuljama i takvim klobucima, studentkinje u čizmama i maramama.

One noći kad se lađa nasukala na plićak, studenti se iskrcaše na obalu i Aleksandra s njima. — Bilo je zeleno, tiho — poslednje veče pred jesen, sipila je kiša, prestajala, pa prestala. Šuma je bila nema, sam bor i jela, pod nogama pesak. Zujali su poslednji komarci. Nedaleko, u mraku prostora — zvonile su gluho i lagano medenice na vratovima krava — onih krava kraj kojih svako veče sede milioni ruskih seljanki — medenice su zvonile na različite tonove, kao da je u daljini svirala pokvarena orgulja. I od tih pokvarenih orgulja i tihe noći čovek se osećao nekako spokojno, mirno, starinski. Studenti su raspalili vatru, i pevali pesme oko nje. Aleksandra se zagledala u zelenu tamu: lice zirjanske devojke, široko, zdravo, ružno — samo je cviker skrivao oči: — kakve? kako da se odredi? — šumske oči! — Devojka je govorila polako, na *o*, otvorenim tonovima, — Ove će godine svršiti univerzitet, Zove se Julga-Jelen. Ona je vrlo mirna — samo oči — ali kakve? kako da se opišu?

Aleksandra upita:

— Jesu li vas u detinjstvu vodili da se molite vašim bogovima, u šumu? Julga-jelen ne odgovori. Aleksandra reče:

— Nemojte se stideti, i mene su u detinjstvu vodili mnogim bogovima. I ja sam, kao i vi, otišla iz ovih šuma —

I Aleksandra nije dovršila, jer —

POSLEDNJA OKOLNOST

— trihiljadugodište mumije završilo se bunilom Aleksandre i Ivana. Umesto Ivana — namesto Ivana išlo je sad – za račun raspadanja energije Ivanove – išlo je sto pedeset studenata, „potisnutih" na nauku šumama, ritovima, jezerima Komi-zemlje – jer „мње отмщченије, и аз воздам". – A u fabrici u Poljudovoj Dolini, u to vreme, u laboratoriji – najtajanstvenije, naj-tajanstvenije, svetlošću zvezda, meseca, mumije i svega noćnog – sijali su, fluorescirali, raspadali se minerali zemljinih nepoznanja.

    25/II–19/III 1927.
        Uskoje

O PILJNJAKU

„Ništarija nihilistična", odsečno je rekao Staljin za Borisa Piljnjaka, i time je Piljnjaku bilo presuđeno. Uhapšen je 1937. godine, i iste godine je ubijen u nekom od sovjetskih logora. Prema drugim izvorima, on je smaknut tek 1941. Sve je bilo onako kako je Staljin mislio: ideje su moćnije od metka, pa neprijateljima treba uskraćivati ideje, a ne oružje. Zato je njegova policija, u svakoj prilici, uklanjala pisce. A Boris Piljnjak svakako je, po načinu i po onome o čemu je pisao, bio ruski pisac s novim idejama. Veliki istraživač pripovedačkih i romanesknih formi, rođeni inovator, Piljnjak se najpre proslavio svojim romanom *Gola godina* (1921), mozaičkim pogledom, sastavljenim od ulančanih fragmenata, na vreme revolucionarnih događanja, na rastuću posleratnu glad koja je harala, desetkujući stanovništvo, na dezorijentisanost ljudi, na tragedije koje su potresale zemlju. Naravno, takvo delo nije moglo da prija sovjetskom režimu, ali Staljin još nije došao na vlast i još nije bila ustoličena smrtonosna kontrola nad idejama. Kako god bilo, *Gola godina* – inače prvi roman o sovjetskoj revoluciji, svojim odustajanjem od jednog jedinog nosećeg zapleta, svojim heterogenim stilom – ukazala je na Piljnjakovu sklonost ka drukčijem književnom tkanju i, istovremeno, na njegovu odlučnost da, radeći na formi, nikad ne izgubi iz vida stvarne sadržine koje su strujale realnošću oko njega. To je značilo da pisac neće zastati ni pred sve jačim kultom Staljina, pa je tako, između ostalog, jasno aludirao na staljinsko zločinstvo u *Povesti*

SADRŽAJ

Uvodna glava 5
Biografska glava 17
Fabrička glava 23
Moskovska glava 41
Zaključna glava 60
O Piljnjaku 73

Izdavačko preduzeće
RAD
Beograd, Dečanska 12

*

Glavni urednik
NOVICA TADIĆ

*

Grafički urednik
MILAN MILETIĆ

*

Nacrt za korice
JANKO KRAJŠEK

Digitalizacija slova
DARKO STANIČIĆ

*

Za izdavača
SIMON SIMONOVIĆ

*

Štampa
Elvod-print, Lazarevac

CIP – Каталогизација у публикацији
Народна библиотека Србије, Београд

821.162.1-31

ПИЉЊАК, Борис Андрејевич

    Ivan Moskva / Boris Piljnjak ; [s ruskog prevela Ljudmila Mihajlović]. – Beograd : Rad, 2002 (Lazarevac : Elvod-print). – 77 str. ; 21 cm. – (Reč i misao ; knj. 530)

Prevod dela: Ivan Moskva / Boris Pil'njak. – O Piljnjaku: str. 73–75.

ISBN 86-09-00777-4
COBISS-ID 97851916

www.ingramcontent.com/pod-product-compliance
Lightning Source LLC
Chambersburg PA
CBHW071740040426
42446CB00012B/2413